HEYNE
BÜCHER

ESOTERISCHES
WISSEN

Herausgeber dieser Reihe Michael Görden

Dane Rudhyar
Die zwölf kosmischen Gaben

Esoterische Astrologie:
Wie wir die Geschenke
des Kosmos erkennen

Deutsche Erstausgabe

WILHELM HEYNE VERLAG
MÜNCHEN

HEYNE ESOTERISCHES WISSEN
08/9561

Aus dem Amerikanischen übertragen von
Eluan Ghazal

Titel der Originalausgabe:
AN ASTROLOGICAL TRYPTICH
erschienen bei Aurora Press, Santa Fe

Copyright © 1968 by Dane Rudhyar
revised edition copyright © 1978 by Dane Rudhyar
Published by arrangement with Aurora Press, Santa Fe
Copyright © 1990 der deutschsprachigen Ausgabe by
Wilhelm Heyne Verlag GmbH & Co. KG, München
Printed in Germany 1990
Umschlaggestaltung: Atelier Adolf Bachmann, Reischach
Umschlagillustration: Dane Rudhyar
Satz: Kort Satz GmbH, München
Druck und Bindung: Presse-Druck Augsburg

ISBN 3-453-04034-1

Inhalt

Vorwort

Zum ersten Mal ist das Material für dieses Buch in Form einer Artikelserie in der Zeitschrift der amerikanischen Astrologie erschienen (von 1945 – 1949). Diese drei Artikelserien trugen damals die Titel: *Geschenke des Geistes, Herausforderungen der Erde* und *Der Erleuchtete Weg.* Das erste Kapitel wurde in der Nähe von Palm Springs, in der kalifornischen Wüste geschrieben, und zwar Anfang Herbst 1944, in einer Zeit, als ich eine weitreichende Entscheidung treffen mußte, die mein Leben veränderte und mich in einen ungeheuer kreativen Lebensabschnitt führte. Doch der Großteil dieses Buches wurde in den Staaten Nevada, Colorado und New Mexico geschrieben und für die Publikation noch einmal gründlich überarbeitet.

Der Inhalt des vorliegenden Bandes wurde von Tausenden von Menschen gelesen, nachdem es von Servire in Holland in einer Zeit heftiger spiritueller Gärung und eines weltweiten Jugendprotestes veröffentlicht worden war. Noch viel mehr Menschen hatten die erste Artikelserie in jener populären Astrologiezeitschrift überflogen oder auch sorgfältig gelesen; sie erreichte ca. 200 000 bis 300 000 Männer und Frauen der Nachkriegszeit, die inzwischen als die ›besten Jahre‹ unseres Landes bezeichnet wird. Während dieser Jahre erhielt ich viele anerkennende Briefe, und in der letzten Zeit sind weitere begeisterte Kommentare, meist von jungen Menschen, gekommen. Dennoch mußte ich mich manchmal fragen, wieviel meine so begeisterten und offenbar sehr bewegten Leser von dem verstanden, was ich zu

vermitteln suchte. Ich fragte mich, ob sie auf den inspirie-
renden Stil der Darstellung nur *reagierten*, dabei aber im
großen und ganzen den äußerst praktischen und auch
transformierbaren Inhalt dieses Buches übersahen, soweit er
ihr tägliches Leben und die Qualität ihrer individuellen Erfahrungen und zwischenmenschlichen Beziehungen betraf.

Das ist natürlich die Gefahr, die einer symbolischen und
poetischen Darstellung von Ideen und Bildern innewohnt,
die die Möglichkeit der Selbsttransformation in sich tragen.
Eine solche Darstellungsweise kann eine große *Gefühls*-
wärme hervorrufen, die auf irgendeine Weise psychische
Fenster zu öffnen und einen Windhauch spiritueller Luft
einzulassen scheint. Man atmet ihn gerne ein, aber das Ego,
das in einem Lehnstuhl neben einem offenen Kamin seine
Spiele spielt, beharrt darauf, daß das Fenster sofort geschlossen werden muß, da ansonsten die kostspielige Hitze des
Raumes verlorengehe.

Gefühle allein können keine solide Basis für den Aufbau
eines neuen Lebens sein, nicht einmal für stetige Übung, die
bei der Entwicklung schlummernder Fähigkeiten helfen
soll. Wirklich informative Bilder der wichtigen Aspekte dessen, was man vollenden will, sollten im Bewußtsein Gestalt
annehmen. Diese Bilder sollten mehr leisten, als ›Gefühle‹
zu erwecken. Sie sollten den Inhalt des Geistes nach und
nach repolarisieren, die Bilder der Vorstellungen und des
Verhaltens ersetzen, die das Kind bei seiner Geburt erbte
und die dem Jugendlichen unablässig ins Bewußtsein ge-
prägt werden. Solche Bilder sind Manifestationen der großen Symbole, die die Seele einer Kultur darstellen. Von
ihnen werden standardisierte Verhaltensweisen bei jeweils
verschiedenen Umständen abgeleitet, ferner annehmbare
Gefühle angesichts neuer Beziehungen, Konflikte und
Gelegenheiten, und schließlich die Gedankenabfolgen entsprechend den Regeln der Logik und der Vernunft.

Wenn ein Individuum ›den Weg betritt‹, ist sie oder er zum erstenmal mit der Notwendigkeit konfrontiert, all diese überlieferten Grundannahmen bewußt und objektiv zu überprüfen. Eine solche Person muß seine oder ihre Reaktionen auf das alltägliche Leben aufmerksam und ausdauernd betrachten — vielmehr noch entscheidendere und auffallendere Ereignisse, die sein oder ihr Ego zutiefst aufwühlen und herausfordern. Ein Individuum kann dies allein oder unter dem wachsamen Auge und der Führung irgendeines *Guru* oder eines *Beichtspiegels* tun (im Falle eines Katholiken).

Heute gibt es viele Bücher, die den Anspruch erheben, Menschen zu helfen, die mehr oder weniger bewußt oder unter dem Druck krisenhafter Umstände die größte und gefährlichste aller ›Reisen‹ begonnen haben — jene Reise, die den Reisenden letztendlich nicht nur *durch* Regionen menschlicher Erfahrung führt, die seinen Mitmenschen innerhalb einer bestimmten gesellschaftlich-kulturellen Umgebung vollkommen fremd sind, sondern sogar *jenseits* der Grenzen, innerhalb derer ein solcher Mensch und seine oder ihre Kultur die Fähigkeiten der menschlichen Natur vermuten. Viele Lehren und Disziplinen, viele Landkarten haben versprochen, Hindernisse und Möglichkeiten auf dem Weg zu zeigen — und haben, was noch verwirrender ist, dem Suchenden verschiedene Vorstellungen von dem Zweck der Reise und dem Ergebnis, das am Ende auf den erfolgreichen (oder erfolglosen) Pilger wartet, angeboten oder aufgezwungen.

In seinem jetzigen Zustand ist das *astrologische Triptychon** ein Versuch, eine dreifache Reihe von Bildern, Sym-

---

*) Dieses ›Triptychon‹ erscheint im W. Heyne Verlag in drei Büchern mit den Titeln ›Die 12 kosmischen Gaben‹ (08/9561), ›Die 12 kosmischen Prüfungen‹ (08/9570) und ›Die 12 kosmischen Chancen‹ (ersch. Juli 1991).

bolen und mehr oder weniger neuen Ideen vorzulegen. Sie sind für Leser bestimmt, die sich entweder für potentielle Reisende halten oder aber erkennen, daß sie bereits in Bewegung sind, aber nicht genau wissen, was ihre Entscheidung zum Aufbruch oder der Zustand des Weges für sie beinhaltet. Es ist eine dreifache Reihe, da eine Auseinandersetzung mit drei grundlegenden Bedingungen notwendig ist, falls die Reise erfolgreich fortgeführt werden soll.

Die erste Bedingung ist, daß das Individuum nicht nur seine oder ihre Beschränkungen und Funktionsweisen *(dharma)* in dem Sinnzusammenhang akzeptieren sollte, in dem er oder sie geboren wurde, vielmehr sollten die Individuen auch für spirituelle Einflüsse offenbleiben, die das harmonisieren und ergänzen, was diese Funktionsweise ganz unausweichlich überbetont.

Die zweite Bedingung ist, daß der Reisende nun erkennen sollte, daß er einen Transformationsprozeß begonnen hat, der eine vollkommene Verlagerung der Ebenen und eine Neuzentrierung seines Bewußtseins, seiner Emotionen und der Fähigkeit zu zwischenmenschlichen Beziehungen beinhaltet. Von der Ebene der Biosphäre, dem Reich der *biologisch-psychologischen Natur* geht er zu dem einer *psychomentalen Übernatur* über. Eine solche Verlagerung von einer Ebene der Existenz, der Aktivitäten des Bewußtseins in die nächste erzeugt unausweichlich Krisen. Der Reisende interpretiert sie als Prüfungen, da sein Bewußtsein noch immer durch die Vorstellung der schulischen Erziehung und des Übergangs von einer Klasse in die nächstfolgende bestimmt ist. Im wesentlichen ist es das Leben, das diese Prüfungen abhält, aber wenn der Reisende sich bemüht, die Geschwindigkeit der Reise zu beschleunigen, so wird er aller Wahrscheinlichkeit nach psychische und geistige Widerstände hervorrufen. Wenn die Beschleunigung heftig war und *absichtlich* erfolgte, so können diese Widerstände sehr ausgeprägt sein und die Form äußerlicher bedrohlicher Hindernisse oder ungewöhnlich intensiver Herausforderungen annehmen.

Die dritte Bedingung bezieht sich auf die Entwicklung eines holistischen und wirklich objektiven Zugangs zum gesamten Prozeß der Evolution, ferner auch auf die Entwicklung einer Vorstellungskraft, die noch unausgereifte Vorgefühle über die Ergebnisse am Ende der Reise in tief bedeutsame und inspirierende Bilder zu übersetzen vermag, die aufgrund ihrer Orientierung an kosmischen Prinzipien und Archetypen universelle Gültigkeit besitzen.

Solche Bilder sollten nur als Symbole betrachtet werden, auf der gesellschaftlichen Ebene können wir von ›Utopien‹ sprechen. Sie ermöglichen es dem Reisenden, eine in sich schlüssige Karte der Reise zu erstellen und Krisen und Möglichkeiten im Sinne eines unpersönlichen und unemotionalen Bezugsrahmens zu verstehen. Dieser Bezugsrahmen muß sich ausweiten können, wenn sich der Geltungsbereich der Vision erweitert, und die Erfahrung ist dabei eine Garantie gegen wilde labyrinthische Wanderungen und emotionale Niedergeschlagenheit.

Was wir als Astrologie bezeichnen, ist eine Methode, einen in sich schlüssigen Bezugsrahmen für alle Arten von Aktivität zu schaffen, denen menschliche Wesen Tag für Tag und Jahr für Jahr in ihrem Leben begegnen. Das war die Funktion der Astrologie selbst in ihrem primitivsten Zustand. Da das menschliche Leben im allgemeinen meist durch die Existenzbedingungen in der Biosphäre und durch äußere Kräfte beherrscht wurde, über die der Mensch keine Kontrolle zu haben schien, hat sich die Astrologie hauptsächlich mit physisch erfahrbaren Geschehnissen und Erwartungen von kollektiven nationalen Ereignissen oder persönlichen Veränderungen beschäftigt. Aber es hat immer eine Art okkulter oder heiliger, religiöser oder ›theurgischer‹

Astrologie gegeben, die einen Bezugsrahmen für die Möglichkeit des Kontaktes zwischen Göttern und Menschen schaffen sollte, das heißt zwischen einer göttlichen Existenzweise und den verwirrten Strebungen menschlicher Wesen, die zu Empfängern der Kraft himmlischer Wesen werden wollten.

Die Astrologie wurde ›Mutter aller Wissenschaften‹ genannt, und ihre Symbole waren ein integraler Teil der meisten Religionen, entweder in reiner oder in verkleideter Form, denn sie stellte mit Sicherheit den ersten Versuch des Menschen dar, die Ordnung systematisch zu interpretieren, die er im Ablauf der Naturerscheinungen und in den wechselseitigen Beziehungen verspürte, die alle Teile integrierter Lebensprozesse miteinander verbanden. Die Tiere leben nach dieser Ordnung der Natur und entsprechend der unveränderlichen Rhythmen der Tage und Jahreszeiten, aber sie tun es zwanghaft, und soweit wir wissen, ohne das von uns so bezeichnete objektive Bewußtsein. Menschliche Wesen dagegen haben die Fähigkeit, ein Bewußtsein zu entwickeln, mit dem sie inneren Impulsen folgen und auf äußere Reize in einer Weise reagieren können, die sie den Zwang der Instinkte entweder ignorieren oder transzendieren läßt.

Der Mensch hat das, was wir als freien Willen bezeichnen, und das ist sowohl ein Fluch als auch ein Segen. Da er nicht unbewußt dazu getrieben wird, entsprechend der Naturordnung zu handeln (außer in einigen rein biologischen Bereichen, über die er praktisch keine Kontrolle hat), kann er eine chaotische Existenz führen. Diese Möglichkeit ist manchmal so gefährlich und meistens so verwirrend, daß dadurch eine grundlegende Unsicherheit entsteht. Deshalb fühlten sich alle organisierten menschlichen Gesellschaften nicht nur dazu veranlaßt, Ordnungssysteme zu erschaffen (Tabus, Gesetze, Verordnungen), sondern diesen Systemen auch eine religiöse und kosmische Sanktionierung zu verleihen. So wurde behauptet (und auch geglaubt), daß diese Systeme die geheimnisvolle, aber unbesiegbare Ordnung des Universums widerspiegelten. Alle Wissenschaften sind Versuche, diese universelle Ordnung der Natur zu verstehen; und alle Techniken und Technologien sind mehr oder weniger schlüssige und unermüdliche Unternehmungen, Prinzipien oder Gesetze anzuwenden, die auf die eine oder andere Weise von einem solchen Verständnis abgeleitet werden können.

Astrologie ist die ›Mutter aller Wissenschaften‹, weil sie in der offensichtlichsten und universellsten Erfahrung der Ordnung wurzelt, die das menschliche Leben auf dieser Erde bestimmt − es ist die Ordnung, die sich aus den periodischen Bewegungen von Sonne, Mond, Sternen und Planeten ableitet. Niemand kann die Tatsache leugnen, daß diese Ordnung existiert. Zuerst wurde sie durch Sonnenuhren und später durch mechanische Uhren gemessen. Daraus haben wir unsere Vorstellung der *objektiven* Zeit abgeleitet. Und auf diese Weise können wir unsere gesellschaftlichen und persönlichen Aktivitäten effektiv und präzise so einteilen, daß unsere Effizienz und Sicherheit maximiert wird, vor allem, wenn wir nicht mehr vollständig durch die inneren Rhythmen und die biologischen Instinkte getrieben werden, und wenn wir unsere Energien kollektiv oder individuell einsetzen, um nicht-biologische, intellektuelle oder idealistische Ziele zu verfolgen.

Wenn die Aktivitäten der Menschheit einmal im Sinne solcher Ziele stattfinden, so ist die Astrologie unausweichlich zu einem in sich schlüssigen Symbolsystem geworden. Sie verwendet die sichtbare Ordnung, die durch die regelmäßigen Bewegungen der Himmelskörper dargestellt wird, als einen Archetypus, ein kosmisches Modell, um die effektivste Art und Weise zu bestimmen, wie menschliche Wesen ihr Leben in einem zunehmend künstlichen und schließlich transzendenten Bezugsrahmen sinnvoll ordnen können. Und dann kann die Astrologie verwendet werden, um menschlichen Wesen mitzuteilen, wie sie am besten die Möglichkeiten, die in ihrem Wesen liegen, ausschöpfen, und auf diese Art und Weise eine erfülltere und gesichertere Existenz führen können.

Wenn menschliche Wesen den inneren Drang verspüren, den Weg radikaler Transformation zu betreten, der sie, wenn alles gutgeht, zu einer übermenschlichen Ebene des Bewußtseins und der Aktivität führen wird, so brauchen sie auf dieser unsicheren und gefährlichen Reise, die sie unternehmen wollen, mehr als jemals zuvor bestimmte Ordnungsmuster. Die Astrologie kann dem Suchenden zumindest einige höchst relevante Wegweiser liefern. Aber es muß eine Art der Astrologie sein, die die alten Symbole entweder in einer Weise verwendet, die ein neues Licht auf die natürlichen Erfahrungen des menschlichen Lebens auf der Ebene der gesellschaftlichen Aktivität oder der Biosphäre wirft, oder diese Astrologie muß völlig neue Symbole verwenden, die allerdings für die unvertrauten Erfahrungen ›auf dem Weg‹ relevant sind.

In den letzten Jahren habe ich von einer ›transpersönlichen‹ Art der Astrologie gesprochen.[1] Aber viel von dem, was ich in diesem Zusammenhang schrieb, war auch in viel älteren Büchern bereits angelegt und wurde in diesem Buch, vor allem im dritten Teil *Der Erleuchtete Weg* ausgeführt. Die beiden ersten Abschnitte *Geschenke des Geistes* und *Der Weg der Überwindung* sollen die praktischen Angelegenheiten verdeutlichen, die sich auf das persönliche Leben eines jeden Menschen beziehen, der oder die sich einer fun-

---

1 Vor allem in meinem Buch *Auch die Sonne ist ein Stern,* New York, 1975 und in dem kleineren Band *Von der humanistischen zur transpersonalen Astrologie,* Palo Alto, 1975.

damentalen Transformation seines oder ihres Wesens unterziehen will. Trotz seiner scheinbar poetischen und manchmal sogar mystischen Stellen befaßt sich *das ganze Buch* tatsächlich mit Themen, die für viele Menschen heute durchaus *praktisch* und zeitweise sogar quälend sind.

Diese Themen und die Probleme, die damit verbunden sind, werden oft in symbolischen Ausdrücken beschrieben, die universelle Gültigkeit haben. Die Symbole entnehme ich dabei der astrologischen Überlieferung. Jeder, der sich damit auskennt, wird erkennen, daß sich der erste Abschnitt *dieses Buches* auf eine neue Weise mit den Sternzeichen befaßt, *der zweite* mit den Häusern als den zwölf Feldern individueller Erfahrung und *der dritte* mit der Reihe der Planeten in ihrer heliozentrischen Ordnung. Die Symbole sind astrologisch, aber sie sind insofern auch ›trans-astrologisch‹, als sie im Sinne eines transpersonalen Bezugsrahmens verwendet werden. Das bedeutet nicht, daß sie weniger praktisch sind, sondern vielmehr, daß sie sich auf eine Art auf die Praxis beziehen, die jenseits der gewöhnlichen Sorgen der meisten menschlichen Wesen unserer gegenwärtigen Welt liegen, vor allem in den Vereinigten Staaten, wo man persönlichen Anliegen eine außerordentliche Bedeutung verleiht. Manche Astrologen hegen die Hoffnung, daß sie junge Klienten, die aus ihren verwirrten Versuchen, ein ›New-Age‹-Leben zu führen, viele Fragen entwickelt haben, intelligent und mitfühlend beraten haben. Dafür gibt es *in diesem Buch* reichlich Material, mit dem die Daten, die sich aus den drei Hauptfaktoren der heutigen Astrologie – dem Tierkreis, den Häusern und den Planeten – ergeben, auf einer transzendenten Ebene neu interpretiert werden können.

Im folgenden versuche ich, den Beitrag *eines jeden der drei Abschnitte* zum Ganzen wie auch den bestmöglichen Zugang zum jeweiligen Inhalt so deutlich wie möglich zu machen.

Geschenke des Geistes

Dieser erste Abschnitt befaßt sich auf den ersten Blick nur mit den Merkmalen, die einem jeden Tierkreiszeichen zugeordnet werden. Aber wenn man die Einleitung ›Der Geist und die menschlichen Bedürfnisse‹ sorgfältig liest, wird bereits deutlich, daß hier etwas betrachtet wird, das sich ganz grundlegend von dem Material unterscheidet, das in der typischen Sonnenzeichenastrologie vorgelegt wird. Es werden zwei grundlegende Erkenntnisse geäußert, die sich auf den eigentlichen Inhalt des menschlichen Lebens beziehen, und ich möchte jetzt diesen Inhalt im wesentlichen klären, bevor er dann im Detail erörtert wird.

Als erstes müssen wir erkennen, daß ein individuelles Zentrum der Aktivität und des Bewußtseins bei seiner Verkörperung in einem menschlichen Organismus durch den Zeitpunkt des Jahres (das heißt die Beziehung zwischen Erde und Sonne) *bestimmt* wird, an dem die Geburt stattfand. Dieser Zeitfaktor kann mit Hilfe der *zwölf Kategorien organischer Reaktionen* interpretiert werden, in die sich die einheitliche Kraft des Lebens (*Prana* in Indien, *Chi* in China) aufteilt. In der astrologischen Symbolik wird sie durch die Sonne dargestellt − und in zweiter Linie durch den Mond, der diese Sonnenkraft so verteilt, wie es der Organismus für seine täglichen Bedürfnisse braucht. Diese zwölf Kategorien organischer Reaktionen müssen ebensosehr auf der bio-psychischen wie auch auf der nur physisch-stofflichen Ebene verstanden werden. Sie definieren das, was wir als die zwölf grundlegenden Temperamente oder Typen von Menschen bezeichnen.

Ein ›Typus‹ entsteht dadurch, daß eine bestimmte Reaktionsweise durch den totalen Organismus der Personen, die zu diesem Typus gehören, am leichtesten und wirksamsten erzeugt wird. Die Vertreter eines jeden Typus haben die

›natürliche‹ Neigung, in einer bestimmten Situation auf bestimmte Weise zu agieren, und sie tun es, weil sie durch eine bestimmte Energieform angetrieben werden – eine von zwölf grundlegenden Differenzierungen der Sonnenkraft. Das resultiert wiederum in einer bestimmten Art von Gefühlen und einer mentalen Art von Prozessen, die die Menschen dieses Typus charakterisieren. Aber das bedeutet *nicht,* daß jedes Individuum *ausschließlich* zu einem Typus gehört. Astrologisch gesprochen wirken alle zwölf Zeichen des Tierkreises (alle zwölf Typen der Beziehung des irdischen Lebens zur Quelle der Lebenskraft, der Sonne) in der menschlichen Natur. Jedes menschliche Wesen nimmt an allem teil, was in der menschlichen Natur als Ganzes vorhanden ist, ganz einfach deshalb, weil er oder sie *menschlich* ist; aber er oder sie nimmt an diesem umfassenden menschlichen Potential in verschiedenen Graden teil. Deshalb hat alles, was in bezug auf jeden einzelnen der zwölf Typen gesagt werden kann, eine potentielle Bedeutung für alle menschlichen Wesen, jeder Persönlichkeitstypus kann seine weniger entwickelten Fähigkeiten des Handelns, Fühlens und Denkens in Menschen anderer Typen wiederfinden.

Dies ist allerdings nur ein Aspekt der Situation. Ein anderer Aspekt ist ebenfalls sehr wichtig, wenn auch schwerer verständlich für die Menschen des Westens, die nicht daran gewöhnt sind, in metaphysischen und ›ganzheitlichen‹ Begriffen zu denken.

Ich möchte es so einfach wie möglich sagen: Wenn wir an einen lebenden Organismus denken, so sollten wir ihn zuallererst als *ein Ganzes* an Handlungen betrachten. Die Ganzheit des Organismus ist der erste Faktor. Die Teile differenzieren sich aus diesem Ganzen heraus, um besondere funktionale Fähigkeiten zu entwickeln, aber das Ganze bleibt mit all seinen vielen Teilen sozusagen die umfassende Hülle. *Das Ganze bleibt auf einer Ebene erhalten, die die Aktivitä-*

ten der verschiedenen Teile sowohl transzendiert als auch in sich enthält.

Wenn wir die Entwicklung eines menschlichen Körpers untersuchen, so finden wir, daß die Billionen von Zellen, die er enthält, nur Differenzierungen des ursprünglichen befruchteten Eies sind. Und nun teilt uns der Biologe mit, daß der genetische Code, der diese ursprüngliche Zelle charakterisiert, in jeder der Billionen Zellen dieses ausgereiften Körpers zu finden ist. Eines aber kann dieser streng empirische Zugang nicht offenbaren, oder hat es zumindest bis jetzt noch nicht als Tatsache dargestellt, nämlich, daß diese ursprüngliche Zelle nur die physische Manifestation dessen ist, was die heutige Wissenschaft als ›Feld‹ bezeichnen würde. In Indien aber ist es seit Jahrtausenden als der ätherische Körper *(sukshma sharira)* bekannt.

In der modernen Physik ist ein Feld keine materielle Entität, sondern ein strukturiertes Gewebe von Energien und Kraftlinien. Mehrere neuere Denker haben die Vorstellung akzeptiert, daß ein physischer menschlicher Körper von einem Energiefeld umgeben und auch durchdrungen ist. Sie sehen jedoch nicht, daß dieses Feld *die aktive Gegenwart des Ganzen* dieses menschlichen Organismus auf der Ebene einer ›operativen‹ Ganzheit ist — einer spirituellen Ebene aus der Sicht des materiellen Körpers und seines an die Physiologie gebundenen Bewußtseins.

Der Geist ist die aktive Kraft der Ganzheit, die den ganzen Organismus der verschiedenen Teile umfaßt, alle Teile durchdringt und auf sie in ›spiritueller‹ Weise einwirkt. Und diese spirituelle Art und Weise bedeutet, daß die Kraft des Ganzen — der Geist — jedem einzelnen Teil, *dessen Funktion es notwendigerweise spezialisiert,* ein *Gegenmittel für seinen jeweiligen Typus der Spezialisierung anbietet.*

Wenn wir nun ein menschliches Wesen betrachten, das zu einem bestimmten Tierkreistypus gehört, so ist er oder sie in gewisser Weise spezialisiert, einfach weil er oder sie zu diesem Typus gehört. Aber trotz der Spezialisierung als eine bestimmte Person, die zu einem Sonnenzeichentypus (oder auch Mondzeichentypus) gehört, bleibt er oder sie ein *menschliches Wesen,* das innerhalb der Menschheit und der irdischen Biosphäre handelt. Wenn wir diese Person mit den Begriffen des psychologischen Temperaments beschreiben, so müssen wir dasselbe auch mit der ganzen Menschheit tun, die dann als ungeheures Feld psychomentaler Energie erscheint. Dieses Feld transzendiert die psychischen und mentalen Strukturen differenzierter oder individualisierter Männer und Frauen. Es wirkt auf einer transzendenten, metaphysischen oder transpersonalen Ebene. Seine Wirkungsweise auf individuelle Personen ist ›spirituell‹. Sie führt zur *Ganzheit* und harmonisiert das, was die Spezialisierung notwendigerweise disharmonisch gemacht hat.

Diese zum Ganzen führende Wirkung des Geistes, die Kraft der Ganzheit, die durch und auf die Teile einwirkt, wurde in religiösen Begriffen als ›Gnade‹ Gottes verstanden, in den Begriffen der Hinduphilosophie (vor allem der Sri Aurobindos) als die ›Mutterkraft‹ des Universums. Der Abschnitt *Geschenke des Geistes* befaßt sich mit der Wirkungsweise dieser ›Gnade‹ auf die zwölf grundlegenden Tierkreistypen unter den Menschen. All diesen verschiedenen Temperamenten verleiht der Geist eine *Wirkungsmöglichkeit,* die die jeweiligen Menschen am meisten brauchen, um das ins Gleichgewicht zu bringen, was ihre verschiedenen Charaktere betont haben — und meistens sogar überbetont haben, wenn sie unter Druck gerieten oder mit Fremdartigen konfrontiert waren.

Insofern befaßt sich dieser erste Abschnitt des *Triptychon* mit der Beziehung individualisierter menschlicher Wesen zu *dem,* aus dem sich die Manifestationen und funktionalen Teile oder Zellen herausdifferenziert haben: der Menschheit als einem allumfassenden und die Individualität transzendierenden Ganzen. Die ›Geschenke des Geistes‹ für die Menschen können ihnen dabei helfen, ihre Funktion *(Dharma)* angemessener zu erfüllen und überall die kompensierende, harmonisierende und auf diese Weise auch spiritualisierende Anwesenheit und Wirkung des Ganzen auf der Ebene menschlichen Handelns zu entdecken. Dieses Ganze kann als Gott, oder Menschheit-als-Ganzes bezeichnet werden; die Namen sind unwichtig. Was zählt, ist der Begriff, das Bild oder die Gefühlsintuition, die dahinter liegt. Es ist vielleicht sogar mehr noch die lebhafte Erkenntnis, daß alles, was hinter dem Bild liegt, jetzt, in Zukunft und in allen Individuen und Gruppen wirkt… *wenn sie es wirken lassen.*

Der Weg der Überwindung

Dieser Abschnitt unterscheidet sich in seinem Stil deutlich vom ersten Abschnitt, und nun, da Jahre seit der Niederschrift vergangen sind, scheint mir der Grund dafür sehr klar zu sein. Hier haben wir es mit einer Reihe von ›Prüfungen‹ zu tun. In diesem Stadium unserer Untersuchung geht es nun nicht mehr um die Tatsache, daß eine individuelle Person unter Bedingungen geboren ist, die den grundlegenden Charakter seiner oder ihrer Verschiedenheit als menschliches Wesen bestimmen, sondern um die Erkenntnis der Tatsache (und es ist eine Tatsache!), daß menschliche Wesen die Ebene ihrer Handlungen und ihres Bewußtseins wie auch die Qualität ihrer Gefühle und zwischenmenschlichen Beziehungen verändern können, wenn sie ein bestimmtes Stadium ihrer Entwicklung erreicht haben.

Es geht hier also nicht mehr darum, was die Spezialisierung oder Zugehörigkeit zu dem einen oder anderen Typus mit sich bringt, sondern viel mehr darum, wie wir ›mehr-alsmenschlich‹ sein können, natürlich immer im Hinblick darauf, was wir unter ›Menschlichkeit‹ verstehen. Dieser Abschnitt des *Triptychon* ist daher eine Erörterung dessen, was getan werden muß, welche Erfahrungen man zu durchlaufen hat, welchen Herausforderungen an die Qualität eines natürlichen Lebens in der irdischen Biosphäre man begegnen wird, *wenn* man mit unablässigem Willen versucht, *als individuelles Zentrum des Bewußtseins und der Handlung* auf einer ›höheren‹ (das heißt metabiologischen) Ebene zu agieren.

Viele Menschen sind heute so sehr durch die westliche Zivilisation und den technologischen Dschungel unserer großen Städte traumatisiert, daß sie sich dagegen auflehnen und einen tiefsitzenden Drang verspüren, zur Natur zurückzukehren. Natürlich ist das kein neues Gefühl, es wurde auch von Jean Jacques Rousseau vor mehr als 200 Jahren intensiv empfunden und später dann durch die romantische Bewegung des letzten Jahrhunderts dynamisiert. Wir können es als eine Reaktion auf den engen Intellektualismus und die Vergötterung der wissenschaftlich-empirischen Methodologie betrachten. Weitblickende Geister wie Rousseau und Black sahen diese Gegenbewegung bereits aus der sogenannten Aufklärung des 18. Jahrhunderts entstehen.

Reagieren ist aber immer nur ein Vorspiel für eine konstruktive und schöpferische Aktivität. Man kann sich ebensosehr an das binden, was man haßt, wie an das, was man anbetet, und die heftige Verdammung dessen, was den dogmatischen Rationalisten irrational erscheint, ist nur eine unbewußte und nicht eingestandene Manifestation der Irrationalität rationalistisch-empirischer Annahmen: Wenn beispielsweise geleugnet wird, daß Wissen auf irgendeine andere Art als durch die menschlichen Sinne und ihre Meßinstrumente erlangt werden kann, oder wenn behauptet wird, daß die natürlichen Prozesse überall und zu jeder Zeit in einem Universum ablaufen, das nur materiell und anorganisch zu sein braucht.

Der französische Mathematiker, Philosoph und Mystiker Blaise Pascal schrieb im frühen 18. Jahrhundert als Antwort auf die klassische Newtonsche Mentalität seiner Tage: »*La cœur a des raisons que la raison ne connait pas.*« (Das Herz kennt Vernunftgründe, die die Vernunft nicht kennt.) Wir könnten diese Äußerung folgendermaßen paraphrasieren: Der Transformationsprozeß des Menschen in ein ›mehr-als-menschliches‹ Wesen erfordert Vorgänge, die der natürliche Mensch nicht versteht. Diese Vorgänge können als Prüfungen bezeichnet werden. Für eine bestimmte Schule des Zenbuddhismus ist eine dieser Prüfungen die Verwendung irrationaler Puzzles, sogenannter *koans*. Selbst das christliche Evangelium enthält ›schwierige Aussprüche‹ und Paradoxe, wie die der Bergpredigt. (Auf sie habe ich mich in der Einleitung und im ersten Kapitel des zweiten Abschnitts bezogen, beide sollten sorgfältig gelesen werden.)

Heute wie damals und vielleicht immer sind die meisten menschlichen Wesen nicht fähig, bereit und vor allem willens, einen radikalen Wandlungsprozeß zu beginnen. In letzter Zeit haben sich viele Menschen dem Anschein nach eifrig bemüht, nicht mehr nach der Natur zu leben, sondern eine zumindest relativ unnatürliche Existenz in den technisierten Großstädten zu führen. Aber diese Ebene einer hauptsächlich *gesellschaftlichen* Lebensweise unterscheidet sich nicht radikal von einer *natürlich-biopsychologischen* Lebensweise. Wir betrügen uns oft selbst durch eine erstaunlich idealistische und unrealistische Vorstellung davon, was das Leben in der Biosphäre bedeutet. Das Lebensgesetz in der irdischen Biosphäre lautet in Wirklichkeit: ›Fressen oder gefressen werden‹. Es gilt selbst im Pflanzenreich, wo Wurzeln gegeneinander oder schnell expandierende Gräser und Bäume gegen schwächere Arten kämpfen. Zwar gibt es auch bemerkenswerte Beispiele für Kooperation und gegenseitiges Dienen bei verschiedenen Arten, aber sie sind weitaus geringer als jener offene oder heimliche Krieg. Die menschlichen Gesellschaften verkörpern viel von dieser Haltung, selbst wenn sie offiziell buddhistisches Mitgefühl oder christliche Liebe predigen.

Vielleicht ist das ganze Universum ein Schlachtfeld zwischen zwei gleichstarken Kräften, dem kosmischen Yin und Yang, die in alle Ewigkeit im Kreis des Tao wirbeln. Nur wird der wichtigste Punkt leider selten ausgesprochen, nämlich daß diese entgegengesetzten Kräfte der Polarität *auf verschiedenen Seinsebenen in verschiedenen Geschwindigkeiten wirbeln.* Ob es uns gefällt oder nicht, in allen Existenzen gibt es einen immanenten natürlichen Drang, die Geschwindigkeit zu steigern, und von einer Ebene zur nächsten überzugehen. Aber große Probleme stellen sich dann ein, wenn diese Geschwindigkeitssteigerung vor allem und oft ausschließlich auf einer bestimmten Handlungsebene — etwa der physischen — stattfindet. ›Beschleunigung‹ scheint sehr wichtig und vielleicht nur dann wirklich konstruktiv zu sein, wenn wir dabei von einer Ebene zur nächsten übergehen können — also in unserem Falle von der physischen zur ›astro-mentalen‹, der Akascha-Ebene des Seins.

Aber diese Verlagerung der Ebene ist *nur* dann objektiv und tatsächlich vorhanden, wenn das schnellerwerdende Wesen eine neue Welt existentieller Phänomene und wirklicher Beziehungen mit anderen Wesen, die auf dieser neuen und ›schnelleren‹ Ebene wirken, nicht nur *betritt,* sondern dort auch *wirkungsvoll fungiert,* und zwar im vollen Bewußtsein seines inneren Zentrums und der Kräfte, die es in sich sammelt, und mit denen es arbeitet.

Und das ist etwas Großes! Es bedeutet nicht einfach ›sich wunderbar fühlen‹ oder ekstatische Momente eines naiv als ›kosmisches Bewußtsein‹ bezeichneten Zustandes zu erleben. Gemeint ist vielmehr, auf der betreffenden Ebene, die wir mangels eines besseren Wortes als Übernatur bezeichnen könnten, *wirklich zu agieren.*[2]

Der Grund, von einem ›Weg der Überwindung‹ zu sprechen, liegt darin, daß ein solcher Transformationsprozeß, der zu einer radikalen Veränderung der Ebene führt, nicht dadurch erreicht wird, daß man die Biosphäre und die gesamte Erscheinungswelt der bio-psychischen Natur der Menschheit *physisch verläßt.* Vielmehr gelingt dies nur, indem man durch all das hindurchgeht, was die physische Existenz in der Biosphäre beinhaltet. Deshalb wird in dem Abschnitt ›Der Erleuchtete Weg‹ das erörtert, was im wesentlichen im Prozeß der Metamorphose erlebt, durchlaufen und überwunden werden muß. Dieser Prozeß nimmt zeitlich nicht nur die Lebensspanne eines physischen Organismus ein. Und die *Möglichkeit,* eine totale Veränderung der Ebene zu erreichen, liegt *nicht* in dem Zentrum verkörperten Bewußtseins, auf das wir uns normalerweise beziehen, wenn wir ›ich‹ sagen. Die *Verwirklichung* dieser Möglichkeit erfordert einen doppelten Prozeß und zwei ›Akteure‹: das Seelenzentrum und das Ego.

Wir können erstens von einer ›Herabkunft‹ des Seelenimpulses sprechen, der sich nach und nach immer stärker auf eine Persönlichkeit nach der anderen konzentriert, also eine Reihe aufeinanderfolgender menschlicher Organismen, die sich in mehreren Kulturen entwickeln und alle eine magnetische Verbindung mit dem Seelenfeld besitzen[3] — und zwei

---

2 In meinem Buch *Auch die Sonne ist ein Stern* habe ich den Unterschied zwischen der Ebene des Physischen und des ›Galaktischen‹ vorgestellt. Dabei habe ich die Milchstraße als Metapher für eine Existenzebene verwendet, die das Erlebnis, als fester materieller Körper auf einem physischen dunklen Planeten zu leben, transzendiert, aber auch umfaßt.

3 Zur Definition des ›Seelenfeldes‹ siehe *The Planetarization of Consciousness,* Kapitel 7, New York, 1977.

tens von dem ›Aufstieg‹ der zunehmenden Verfeinerung und Reaktionsfähigkeit dieser Persönlichkeiten. Dieser Aufstieg wird durch den inneren Seelenimpuls gezündet, er wird von der Persönlichkeit als immer unwiderstehlicherer innerer Drang aus den ›Tiefen‹ des Seins empfunden. In den meisten Fällen findet dieser Aufstieg durch eine Reihe von Krisen statt, die vom *Blickwinkel des Egobewußtseins* imstande sind, mit diesem Prozeß zusammenzuarbeiten oder ihn zumindest zu beobachten. Insofern erscheinen sie als Prüfungen, die während der Lebensspanne der Person in einem Subzyklus nach dem anderen wiederholt werden müssen.

Der Erleuchtete Weg

Sofern das persönliche ›Ich‹ diese Prüfungen einigermaßen erfolgreich bestanden hat, kommt eine Zeit, in der das Bewußtsein imstande ist, die seelischen Geschehnisse objektiv zu betrachten. Vielleicht beginnt es, das ›Ich‹, das es bisher als dauerhafte *Entität* betrachtet hat, nun eher als einen zyklischen *Prozeß* zu sehen. Es gewinnt das Gefühl einer weiten rhythmischen Abfolge, eines Hin und Her, eines Gehens und Wiederkehrens und eines neuerlichen Aufbruches. Dies führt zur Erleuchtung, was zuerst ›Ich‹ (Teilchen) war, wird nun zu ›Licht‹ (Welle).

Auf diese Phase des ›übermenschlichen‹ Wachstums bezieht sich der Abschnitt *Der Erleuchtete Weg*. Das zur Biosphäre gehörige ›Ich‹, das in Beziehungen verstrickt ist und sich durch Prüfungen vorankämpft, hat sich nun mit einem *Sonnenstrahl* identifiziert, der auf dem Weg zum Zentrum des Größeren Ganzen, der Milchstraße ist. Er bewegt sich durch das Reich der Archetypen, die bloß menschlichen Geistern als unerreichbare ›göttliche‹ Welt erscheinen. Ein neues Bewußtsein beginnt zu wirken — jenes Bewußtsein, das unmittelbar *sieht,* was ›ist‹ und nicht mehr über das debattiert, was sich unablässig verändert und ›wird‹.

Die Zwänge, Auseinandersetzungen und Verwirrungen der Biosphäre und einer menschlichen Natur, die in dieser Biosphäre verwurzelt und durch sie bestimmt ist, sind transzendiert worden. Aber sie werden nicht negiert. Wenn wir die Milchstraße für ein Reich strahlender Lichtquellen, der Sterne halten, so müssen wir zugleich daran denken, daß sie auch dunkle Planeten enthält. Das Bewußtsein, das sich auf diesen Planeten entwickelt hat, enthält noch immer die Möglichkeit, durch den bloß menschlichen Geist zu wirken, wenn es sich auf bestimmte Akte, die sich auf die bio-psychische Finsternis beziehen, neu einstellen will. Es kann Licht in die Dunkelheit bringen. Und wirklich gehört die Vorstellung eines quasi absoluten Gegensatzes zwischen Licht und Dunkelheit, Gott und Mensch, Schöpfer und Geschöpf zum ›Bewußtsein der Unwissenheit‹, dem dualistischen Oberflächenbewußtsein, das religiöse und politische Führer eingesetzt haben, um die Massen gedankenloser menschlicher Wesen zu beherrschen.

Die tiefe Wahrheit lautet, daß das Licht an die Dunkelheit gebunden ist, und zwar durch das unzerstörbare Band des Mitgefühls oder der Göttlichen Liebe. Das Göttliche und das bloß Menschliche durchdringen sich, aber menschliche Wesen, die in ihre Ängste und Unbeständigkeiten gehüllt sind, können diese Tatsache nicht sehen oder akzeptieren, wenn sie davon hören – und wenn sie sie akzeptieren, so tun sie es mit verwirrtem Geist, sie kehren ihre Bedeutung durch Stolz und Intellektualität um.

Aus diesem Grunde müssen die großen Wahrheiten über die Existenz, das Universum und den Menschen in symbolischer Form dargelegt werden, und Symbole enthalten immer das Element der Dramatisierung und die Faszination der Schönheit und Poesie. Sie rufen Gefühle wach, die durch allen Menschen gemeinsame Erfahrungen entstehen. Aber keine menschliche Erfahrung ist grundlegender als die von Tag und Nacht, von Licht und Dunkelheit — und deshalb auch von Sonne und Mond und von den Sternen, die in der bodenlosen Finsternis des Nachthimmels auf geheimnisvolle Weise von Licht zeugen — und deshalb enthält die Astrologie nach wie vor einen wunderbaren Reichtum an schönen und zutiefst bedeutsamen Symbolen.

Was Individuen und die Kultur, die die Grundlage für die Entwicklung individuellen Bewußtseins schafft, mit diesen Symbolen tun, verändert sich ständig. Es verändert sich, weil Kulturen wie lebendige Organismen sind, deren Zellen die in ihnen geborenen und herangebildeten menschlichen Wesen mit ihrem jeweiligen Bewußtsein sind. Und diese kollektiven Organismen wachsen, reifen und zerfallen langsam. Aber selbst wenn eine Kultur und die Gesellschaft, die diese Kultur beseelt hatte, zerfallen, können Individuen geboren werden, die *trotz* der kulturellen Entropie und der Verflachung der Werte und Symbole vergangener Generationen den Entschluß fassen *können*, den Erleuchteten Weg zu betreten. Und manchmal ist es *gerade* dieser Zerfall, der sie zu diesem Entschluß treibt, da sie gezwungen sind, gegen ihn zu kämpfen und ihn radikal zu überwinden.

Nicht der intellektuelle Verstand oder die egozentrische Persönlichkeit fällt die Entscheidung, den Erleuchteten Weg zu betreten. Vielmehr ist es eine Kraft, die von innen her drängt, und keinen Widerstand duldet. Dennoch muß das Ego seine Zustimmung geben. Es muß das ›Sterben‹ annehmen. Aber in diesem Sterben erkennt die ganze Person schließlich ihre wesentliche Identität. Sie erlebt sich als eine einfache kleine Sonne in der ungeheuren Gesellschaft der Sterne der Galaxis — als Zelle im transzendenten Körper der ganzen Erde, deren spirituelles Zentrum unsere westliche Welt als Christus symbolisiert.

Der Geist
und
die menschlichen
Bedürfnisse

In all den vergangenen Jahrhunderten haben Philosophen und Weise über die mannigfaltigen Formen nachgedacht, mit denen menschliche Wesen auf ihre Erfahrungen reagieren, und sie haben versucht, einige wenige grundlegende Menschentypen zu definieren, und zwar anhand ihrer häufigsten und typischsten Reaktionen. In unseren Tagen sind es die Psychologen und Biologen, die Anthropologen und Endokrinologen, die ihre eigenen äußerst detaillierten Klassifikationen menschlicher Typen darlegen. Aber soviel diese neuen Kategorien auch an Präzision und analytischer Feinheit gewonnen haben, es reicht doch nicht aus, die alte Klassifikation der zwölf Tierkreistypen als veraltet einzustufen, denn sie wurzelt tief in einem metaphysischen und kosmologischen Verständnis eines universellen Musters in den Gezeiten des Lebens und in der kreativen Antwort des Geistes auf menschliche Bedürfnisse.

Wir wissen nicht, wo die Vorstellung eines zwölf-fachen Kosmos zum ersten Mal aufgetaucht ist. Abstrakt und geometrisch wurde sie von Pythagoras und Platon definiert, die sie wahrscheinlich von Ägypten oder Chaldäa, vielleicht sogar von noch älteren Zivilisationen übernommen hatten. Es ist möglich anzunehmen, daß die Menschen der ›vitalistischen‹ Kultur- und Religionsepoche, die mit Problemen konfrontiert waren, wie sie das Land urbar machen und alljährliche Ernten einbringen konnten, sich bemühten, das Geheimnis der Periodizität in der Natur zu erfassen und aus diesem Grunde auch das Sonnenjahr und den Zyklus der Mondphasen als Berechnungsbasis verwendeten. Auf diesen beiden Zyklen bauten die frühen Ackerbaugesellschaften ihren Kalender auf; das wiederum verlieh ihnen ein Gefühl der Herrschaft über die Zeit und die jahreszeitlichen Tätigkeiten. Es war das Gefühl, daß sie nun imstande wären, die rhythmischen Muster aller schöpferischen Prozesse in der Natur auszuloten. Nachdem diese Menschen einmal die

Macht erlangt hatten, die Lebenskraft in Ackerbau und Viehzucht einzuspannen, bestand der nächste Schritt darin, ihr Verständnis der natürlichen Rhythmen auf die menschliche Natur auszudehnen, denn sie glaubten, daß das Universum ein organisches Ganzes wäre, das von göttlichen Mächten kontrolliert würde, und daß die Menschheit ein untrennbarer Teil in der Harmonie dieses Ganzen sei.

Die universelle Erfahrung der Menschen offenbarte ihnen einen grundlegenden Unterschied zwischen der Ordnung der Lichtpunkte und Lichtscheiben am Himmel und den chaotischen, unvorhersehbaren und erschreckenden Ereignissen, die sich im Dschungel, im Wald oder in den Ebenen abspielten, die von Stürmen und Überflutungen bedroht waren. Deshalb glaubten die Weisen in alter Zeit, es sei durchaus möglich, daß der Bereich des Himmels der Wohnort jener Kräfte sei, die über die geordneten schöpferischen Prozesse des Lebens herrschten. Da ackerbauende Gemeinschaften ganz natürlich alles verehrten, was sich auf die Fortpflanzung des Lebens bezog, betrachteten die Menschen die beiden ›Lichter‹ des Himmels, die Sonne und den Mond, als die Brennpunkte für die Freisetzung der zwei großen kreativen Pole der universellen Lebenskraft − des männlichen und des weiblichen Poles. Die Verbindung ihrer alljährlichen und allmonatlichen Zyklen, in denen sie sich fortbewegten oder verwandelten, ergab somit eine ungefähre Basis, für ein zwölf-faches Muster: die zwölf soli-binaren Monate.

Die Sonne als männliche Polarität symbolisierte die schöpferische Kraft des Geistes, der Mond, dessen Aussehen sich ständig wandelte und deshalb mit den periodischen Phänomenen im biologischen und emotionalen Verhalten von Frauen und allen rezeptiven Organismen in Verbindung zu stehen schien, war das Symbol der organischen Bedürfnisse in der Natur. Zwölf Mal verschwindet der Mond im Jahr, als sei er vom strahlenden Wesen der Sonne absorbiert worden. Jeder ›Neumond‹ stellte nun eine Zeit spiritueller Befruchtung dar, der Geist antwortete auf die Bedürfnisse der Natur, er befruchtete die Natur. Es waren zwölf solche Befruchtungsakte, zwölf grundlegende Bedürfnisse, die von den entsprechenden ›Sonnengaben‹ erfüllt werden mußten. Die Nachkommenschaft dieser schöpferischen Akte war das Leben auf Erden. Sie erschien aber auch in der Ebbe und Flut der Gefühle, Stimmungen, Impulse und Erkenntnisse, die die innere Natur menschlicher Wesen durchzieht.

Dies war der Ursprung der solaren Mysterienkulte, die die älteren Mondriten überlagerten. Vielleicht war Chaldäa der Ort, an dem das solare Muster der schöpferischen Prozesse zum ersten Mal definiert wurde, an dem das Sonnenjahr sich gegen die Mondkalender durchsetzte, und wo der zwölf-fach gestaltete Tierkreis, den die östliche Welt übernommen hat, schließlich entwickelt wurde. Die zwölf Tierkreiszeichen betrachtete man als die zwölf Tore, durch die die schöpferische Kraft der Sonne fließt, jedes Tor definiert dabei eine Phase vollkommener Macht, die notwendig ist, um alle ›Mikrokosmen‹, also alle organischen Einheiten, zu erschaffen.

In diesen alten Tagen hielt man die ganze Erde für den Mikrokosmos — ein kleines Konzentrat des ganzen Universums. Als ein Reich der Erdennatur war die Menschheit die Seele dieses Mikrokosmos und dementsprechend mußte auch sie zwölf-fach geordnet sein — zwölf Menschengruppen mußten den zwölf Tierkreiszeichen entsprechen. Man glaubte, daß jeder dieser Typen für die Entwicklung und die Harmonie des sozialen Ganzen notwendig sei. Jeder Typus hatte eine schöpferische Sonnenfunktion zu erfüllen, und diese Funktion konnte durch die Jahreszeit der Geburt eines Individuums bestimmt werden — das heißt durch die Position der Sonne bei der Geburt, und zwar in bezug auf die

Frühlings-Tagundnachtgleiche, das Symbol aller schöpferischen Anfänge.

Darin ist die Gründung der Astrologie in ihrer einfachsten Form enthalten. Aber wir haben es hier nicht mit der Astrologie oder den Problemen zu tun, die sich für den rationalen Intellekt oder aus der Leichtgläubigkeit des modernen Menschen ergeben. Wir beschäftigen uns mit einer psychologischen Symbolik in ihrem universalsten und ältesten Aspekt, nämlich dem Versuch des Menschen, sein eigenes Wesen zu verstehen und Ordnung in die Vielfalt seiner Reaktionen auf das Leben und die Lebenserfahrungen zu bringen. Wir befassen uns mit großen Bildern, die tief im kollektiven Unbewußten des Menschen verwurzelt sind, mit universellen Vorstellungen oder Archetypen, die so zählebig sind, daß unser westlicher Intellektualismus und die ganze Verachtung des modernen wissenschaftlichen Rationalismus ihre Bedeutung im Bewußtsein unzähliger Millionen von Menschen nicht trüben konnten. Wir haben es mit spirituellen Prozessen zu tun, die jeder Mensch erfahren kann, wenn er sich dazu entschließt, sein Bewußtsein für ihre befruchtende und erhebende Kraft zu öffnen.

Jedes menschliche Individuum ist in sich selbst ein ganzer Tierkreis, soweit es wirklich als vollständiges und relativ unabhängiges Ganzes betrachtet werden kann. Es enthält in sich alle Arten menschlicher Reaktionen auf das Leben, und die charakteristischen Eigenschaften eines jeden einzelnen der zwölf Tierkreiszeichen wirken in ihm in unterschiedlicher Intensität. Aber eine oder einige dieser Eigenschaften (es sind Reaktionsweisen auf die Erfordernisse des biopsychischen Lebens auf der Erde) überwiegen. Und ein solches Überwiegen bestimmt den Typus, zu dem das Individuum gehört, also seinen hervorstechenden Tierkreistypus, ebenso wie das Hervortreten bestimmter Charakterzüge der psychologischen Klassifikation von C.G. Jung zufolge einen

Menschen zum extrovertierten oder introvertierten, zum Denk-, Gefühls-, Empfindungs- oder Intuitionstypus macht.

Da jeder Typus vorherrschend eine bestimmte Reaktionsweise auf das Leben und seine Art des Verhaltens, Fühlens und Denkens aufweist, gibt es bei jedem Typus immer die Tendenz, seine jeweiligen charakteristischen Haltungen zu übertreiben. Auf diese Weise entsteht Disharmonie durch Übertreibung, Krankheit des Körpers oder der Seele durch Beengung und Verbildung, die aus der Überentwicklung einer Funktion und der entsprechenden Unterentwicklung einer anderen Funktion resultiert. Ein Bereich höchster Fülle wird durch einen der Leere kompensiert. Brillante Verstandeskraft kann Stumpfheit oder Blindheit der Gefühle zur Folge haben. Psychische und physische Gesundheit kann nur wiedererlangt werden, wenn irgendeine Kraft das gestörte Gleichgewicht der ganzen Persönlichkeit wiederherzustellen versucht, indem sie die unterentwickelte Funktion belebt. Diese Kraft ist der Geist in seiner wesentlichen und ursprünglichen Manifestation.

Die
zwölf Gaben

Anpassungsfähigkeit

Jeder Zyklus hat einen Anfang. Jeder Akt des Lebens erfordert die Freisetzung von Energie, um die Trägheit des Vergangenen zu durchbrechen. Es gibt menschliche Wesen, deren wichtigste Funktion es ist, Handlung zu initiieren, Zyklen in Gang zu setzen, die sich dann entfalten, jene Art der Kraft freizusetzen, durch die sich neue Ideen und Pläne im Bewußtsein der Menschen manifestieren können. Solche Menschen, die mit prometheischer Vision und Einfühlungsgabe Prozesse vorhersehen und vorantreiben können, gehören zu dem ›Ankömmlings‹-Typus des Menschen, dem Widder-Typ. Das Tierkreiszeichen des noch jungen Frühlings, der Widder, ist tatsächlich die Hieroglyphe aller Ankünfte, aller Advente, aller Verkündigungen.

Solch einem Menschentypus und jedem Individuum, das in sich das Ungestüm und die Kraft des mitreißenden Führertums aufwallen spürt, die Eigenschaften des Widders also, hat der Geist eine Gabe zu bieten, die unter allen Gaben höchst wertvoll ist, die Kraft der Anpassungsfähigkeit. Das ist ein grundlegendes Geschenk, denn wenn neue Aufbrüche erfolgreich sein sollen, so müssen sie an die Lebensbedingungen angepaßt sein, in denen sie stattfinden, aber auch an den essentiellen Zweck, der dieser Anfangshandlung Sinn gibt und sie lenkt.

Ohne Anpassungsfähigkeit kann es keine erfüllte organische Existenz geben, ebensowenig spirituelle Früchte, denn dies setzt voraus, daß etwas geleistet wurde, was ein lebensnotwendiges Bedürfnis befriedigt hat, und kein Bedürfnis kann durch ein Verhalten gestillt werden, das nicht an die Bedingungen angepaßt ist, die es hervorgebracht haben. Ein Tier oder eine Pflanze, die sich nicht an ihre Umgebung anpaßt, wird sehr schnell eingehen. In derselben Weise wird auch ein Mensch, der sich nicht an die ihn umgebenden gesellschaftlichen Bedingungen anpassen kann, indem er sich entweder einordnet oder eine kraftvolle und bedeutsame Haltung des Protestes gegen diese Bedingungen entwickelt, früher oder später einen physischen, psychischen oder moralischen Zusammenbruch erleiden. In festgefügten Gesellschaften oder in Gesellschaften, in denen eine christlich humanitäre Haltung vorherrscht, ist die Wahrscheinlichkeit eines vollständigen Zusammenbruchs der Persönlichkeit relativ gering, aber im Reich der Pflanzen und Tiere ist die Kraft der Anpassung eine Frage von Leben und Tod.

Diese Kraft manifestiert sich auf viele merkwürdige Arten, die seltsamste davon ist vielleicht die Fähigkeit eines Organismus, sich zu tarnen, also unbemerkt in einer prinzipiell feindseligen Umgebung zu leben. Da jede Umgebung potentiell feindselig ist, vor allem für einen Organismus, der in seiner Reaktion auf das Leben einen feineren Grad von Sensibilität aufweist, ist diese Fähigkeit, unauffällig zu bleiben und keine Aufmerksamkeit auf sich zu lenken, in vielen Fällen absolut erforderlich für das Überleben. So sehen wir also Insekten, die die Farbe ihrer Umgebung annehmen oder ihre Form modifizieren, um sich unter die vertrauten Formen von Zweigen oder Blättern zu mischen, wir finden Tiere, die je nach Jahreszeit die Farbe ihres Felles oder ihrer Haut verändern, oder die wie das Chamäleon imstande sind, sich schnell auf die Farbtöne nahegelegener Objektgruppen einzustellen.

Gibt es nicht auch bei uns den Spruch »Bist du in Rom, so handle wie ein Römer«? Ist nicht die Fähigkeit, sich in jeder

Umgebung wohl zu fühlen, ein Beweis für hervorragende soziale Umgangsformen, auf die auch die moderne Erziehung immer mehr Wert legt? Und hören wir nicht in Berichten über das Leben jener Menschen, die eine feinere und umfassendere Antwort auf spirituelle Werte verkörpern, wirkliche Mystiker und Okkultisten also, daß sie meistens so wenig Aufmerksamkeit wie nur möglich auf sich zu ziehen suchen, damit sie ihre übernormalen psychologischen Eigenschaften in Freiheit entwickeln können?

In vielen Fällen braucht ein Individuum, das den Evolutionsstadien der durchschnittlichen Menschen seiner Zeit voraus ist, wahrscheinlich wirklich eine gut überlegte ›Tarnung‹. Es ›verwischt seine Spuren‹, während es auf dem Weg ist, es erfüllt nützliche soziale Funktionen, die vielleicht niedrig sind, hinter denen es aber sein wirklich bedeutsames Leben lebt. In anderen Fällen dagegen ist dieses Bemühen um Unauffälligkeit nicht notwendig. Und das ist vor allem dann der Fall, wenn das Individuum eine schöpferische Botschaft vorzubringen hat, wenn er/sie zum Typus des ›Genies‹ gehört. In diesem Fall erinnert er an einen biologischen Organismus (sei es Baum oder Tier), der sich entgegen alle Wahrscheinlichkeit erhält, indem er entweder eine ungeheure Masse seiner Samen ausstreut, so daß auch ein beträchtlicher Verlust nicht ins Gewicht fällt — oder indem er diesem Samen eine starke Überlebenskraft verleiht.

Die Menschheit als Ganzes verhält sich nicht wie irgendeine andere Lebensform. Sie schützt sich durch sehr komplexe Ausgleichsmechanismen. Wenn die Geburtenrate sehr hoch ist, sind Kriege oder Epidemien häufig — oder aber die Geburtenkontrolle verbreitet sich. Wenn dagegen die Zahl der Geburten zurückgeht, so können medizinische Entdeckungen und Hygiene fast jedem Kind den Eintritt ins Leben ermöglichen und die Lebenserwartung verlängern. Nach Kriegen werden mehr männliche Kinder geboren, und wenn die Möglichkeit von Unfällen zunimmt, oder wenn grausame Kriege Millionen verletzen und verstümmeln, macht die Entwicklung der Chirurgie Riesenschritte. Der Mensch lernt tatsächlich neu aufzubauen, was er vorher zerstörte. Und so entwickeln sich Wissen und Bewußtsein in einer typisch menschlichen Weise: durch Leiden und Disharmonie.

Und das ist es, was wir bis zum heutigen Tag als Zivilisation bezeichnet haben. Nur der Mensch kann überleben, der sich entweder an Streß, äußere Gefahr und Notsituationen anpassen kann, oder aber imstande ist, einen sozial bedeutsamen oder weltbewegenden ›Samen‹ hervorzubringen und auf diese Weise das — zunächst meist unbewußte — Bedürfnis seiner Rasse, Kultur und schließlich sogar der Menschheit zu erfüllen.

In letzterem Fall agiert eine individuelle Person als Instrument des Geistes. Sie überlebt als Person (selbst wenn dieses Überleben die härtesten Entbehrungen beinhaltet), denn als diese bestimmte Persönlichkeit ist sie ein Gefäß des Geistes, um ein Bedürfnis des Geistes zu erfüllen. Sie wird von ›Gott‹ gerettet, weil ›Gott‹ sie braucht, um zu verwandeln und neue Bilder und neue soziale Impulse freizusetzen.

In dem Sinne, in dem ich diesen Begriff hier verwende, ist der Geist die aktive Emanation dessen, was Ganzheit, Harmonie, absolutes Gleichgewicht ist. Der Geist ist die Kraft, deren Charakter darin besteht, immer und immer wieder zu versuchen, Harmonie und funktionelles Gleichgewicht neu zu schaffen, wo dies gestört wurde. Und diese Kraft muß also überall dort zu wirken beginnen, wo es ›ganze Einheiten‹ gibt — also eigentlich überall. Der Geist ist das, was immerzu bemüht ist, alle Bereiche der Leere auszufüllen, zusammenzubringen und zu integrieren, indem er die polaren Aspekte des Seins, die auseinandergefallen sind, in der angemessenen Form wieder zusammenfügt. In seinem tiefsten und als lebensnotwendig erfahrenen Aspekt ist der Geist die Antwort auf alle menschlichen Bedürfnisse. Er fließt durch jedes menschliche Wesen, das ihn braucht, genauso wie Elektrizität vom höheren zum niedrigeren Potential fließt, wie der Wind aus Bereichen größeren Druckes in Bereiche relativer Leere braust, wie Wasser zu einem gemeinsamen Niveau strömt.

Deshalb kann der Geist immer dort erfahren werden, wo die Not am größten ist. Man sollte ihn dort suchen, wo Verstand und Herz bis zum Äußersten die Qual der Leere, die Folter der Verzweiflung erlebt haben — aber auch da, wo Verstand und Herz die Niederlage und Hoffnungslosigkeit abgelehnt haben und selbst in der tiefsten Not tätig und zuversichtlich geblieben sind. Denn nichts, was zum Reich des Geistes gehört, kann einem Menschen widerfahren, der nicht an die Möglichkeit glaubt, daß es geschehen könnte. Jeder Glaube kann das leere Gefäß der Persönlichkeit für das Einfließen dessen öffnen, was von der absoluten Fülle hervorströmt.

Ein Mensch, der die Unendlichkeit dieser Fülle erkennt, verbirgt sie unter den vielen Namen Gottes vor seinem getrübten Blick.

Glaube ist wie ein Akt bewußten Atems. Warum atmen? Warum dieses Bemühen, die Brust und die Lungen für etwas zu öffnen, das man nicht sehen kann? Und dennoch gibt es Luft. Ohne daß man die Lungen für das Hereinströmen der Luft öffnet, kann es kein biologisches Leben geben. So ist es auch beim Geist: ohne Akte des Glaubens und tiefer psychischer Einatmung kann es kein spirituelles Leben in Integrität, Selbstsein und Wahrheit geben.

Jeder menschliche Typus hat die unausweichliche Tendenz, ein grundlegendes Bedürfnis darzustellen, und zwar ganz einfach durch die Tatsache, daß er als Typus eine bestimmte schöpferische Funktion betont. Und jedem menschlichen Typus versucht der Geist eine Gabe zu verleihen, die seinem grundlegenden Bedürfnis entspricht, eine Gabe also, die die Leere füllen soll, welche durch die typencharakteristische Betonung erzeugt wurde.

Man kann es also so sehen, daß zwölf Gaben des Geistes die zwölf wesentlichen Charakterzüge ausgleichen, die den Aufbau der zwölf Tierkreistypen beim Menschen definieren. Dies sind dann die Möglichkeiten der Heilung, und nur sie können funktionelles Gleichgewicht und Harmonie in den entsprechenden Menschentypen wiederherstellen. Sie sind der Segen, um den Menschen immer beten sollten, für den sie ihr ganzes Wesen gläubig öffnen sollten. Denn nur der, der bittet, wird empfangen. Der Geist ist allüberall. Die Fülle Gottes ist allüberall. Und dennoch kann ein Mensch, der seine Tore fest geschlossen hält, dessen Bewußtsein sich in Egoismus, Stolz oder Angst verkrampft, von diesem Geist erfüllt werden. Vielmehr wird der Geist von allen Seiten diesen Menschen bedrängen; und diese Enge wird ihn letztlich töten, da er die Heilung abgelehnt hat.

Die zwölf großen Gaben des Geistes, die in diesem Buch beschrieben werden sollen, können von jedem Menschen empfangen und verwendet werden; denn jedes Individuum ist der Möglichkeit nach ein vollständiger Tierkreis, ein Modus lebender Ganzheit, in dem die zentrale Sonne immerzu in alle Richtungen ausstrahlt. Und dennoch zieht das Individuum immer nur das an sich, was es notwendig braucht. Einer Person, in der der Handlungstyp des Widders stark betont ist, wird der Geist vor allem die Gabe bringen, die das Vakuum füllt, das durch unablässige Tätigkeit erzeugt wurde. Aber als reifes Individuum ist der Mensch ein Konzentrat aller Kräfte. Und da die Verwendung einer jeden Kraft die Bedingung schafft, die die entsprechende Gabe des Geistes herbeizieht, bietet der Geist jedem Individuum eine große Fülle von Gaben, ganz im Einklang mit der Vielfalt seiner Bedürfnisse — dann jedenfalls, wenn diese Person glaubt und sich für die Gabe öffnet.

Im Glauben zu leben heißt, in Ganzheit und Harmonie zu leben. Es heißt, die innere Fülle loszulassen und statt dessen den Reichtum des göttlichen Seins, den heilenden Geist dankbar in der eigenen Leere willkommen zu heißen. Dann sind die inneren und äußeren Gezeiten im Gleichgewicht. Gott reicht bis ins Herz des Menschen, wie auch der Mensch sich nach dem Ort und dem Werk ausstreckt, das seinem Schicksal entsprechend zu ihm gehört. Es gibt keine Erschöpfung und keine Krankheit, keinen Mangel und keine Übersättigung. Der dynamische Prozeß der Weltexistenz wirkt in und durch das individualisierte Bewußtsein in harmonischer Kraft, Schönheit und schöpferischer Macht. Jeder Augenblick und jede Handlung wird in Frieden erlebt und vollzogen, und der Mensch wächst immerfort in die Unsterblichkeit immer umfassenderer Seins-Ebenen hinein, von Erfüllung zu Erfüllung, von Ewigkeit zu Ewigkeit.

Eine solche Person kann manchmal große Risiken auf sich nehmen, da alles, was in ihr für den Geist von Wert ist, beschützt wird. Da er mit seinem spirituellen ›Samen‹, seiner Kraft, die Menschheit zu einer neuen Geburt des Geistes zu befruchten, identisch ist, wird er überleben, wie tragisch dieses Überleben auch aussehen mag. Und dennoch ist diese letztgenannte Möglichkeit unwahrscheinlich. Selbst hier können wir von einer Art der Anpassungsfähigkeit sprechen, denn auch das Genie und der Führer müssen sich seltsamerweise an die Erfordernisse ihres ›Schicksals‹ und ihres Publikums anpassen.

Da der Handlungstyp des Widders sich vor allem bei Individuen manifestiert, die (meist auf spontane Weise) instinktive Impulse oder spirituelle Ideen in ihren Handlungen freisetzen, verfügen sie im allgemeinen über ein nur geringes Maß gesellschaftlicher Anpassungsfähigkeit. Sie existieren vornehmlich in dem, was sie aus sich selbst herauslassen. Sie haben nicht unbedingt Interesse daran, irgendeinen Teil der von innen freigesetzten Energie, sei sie physisch oder spirituell für sich zu behalten. Ebensowenig aber sorgen sie sich auch um die Endergebnisse dieser Freisetzung. Sie identifizieren sich mit Akten der Befruchtung, leben im Akt selbst, und nicht so sehr in oder für die Früchte dieses Aktes. Wenn sie egoistisch erscheinen, so liegt es nicht daran, daß sie versuchen, Profite für ein unsicheres Ego zu sammeln, oder Gewinn aus den Menschen zu ziehen, mit denen sie in Berührung kommen. Das wichtigste für sie ist ganz einfach, immerzu handlungsfähig zu bleiben — einfach nur, um ›Samen‹ loslassen zu können, sei es nun ein Samen des physischen Lebens oder des Geistes. Sie können zu scheinbar extremer Selbstsucht vorstoßen, um diese Fähigkeit zum Handeln und zur Befruchtung zu erlangen, zu behalten oder zu steigern, aber sie tun es nur, weil sie eine Energie freisetzen, über die sie keine Kontrolle haben, die sie manchmal gar nicht zu verstehen suchen.

Aus diesem Grund besteht ihre normale Reaktion auf das Problem der Anpassung darin, es im Verlaufe der Freisetzung dieses Lebenssamens oder Geistessamens dem ›Leben‹ oder ›Gott‹ zu überlassen, sich um den Rest zu kümmern und sie auf diese Weise zu beschützen. Diese Zusammenarbeit mit dem Geist funktioniert oft, dennoch kann damit viel Vergeudung und vermeidbares Leiden verbunden sein. Solange der Widdertyp auf einer physischen oder vollkommen unbewußten Ebene agiert, ist das vielleicht nicht so wichtig, denn die physische Natur produziert tatsächlich einen Überfluß an Samen. Wenn aber der Bereich der individualisierten und bewußten Person ins Spiel kommt, wird das Bedürfnis des Widders nach Anpassungsfähigkeit sehr bedeutsam, denn bewußte Individuen, die als Stifter neuer spiritueller Bilder auftreten können, sind noch immer zu selten, als daß man sie ohne Rücksicht auf Verlust verschleudern könnte. Deshalb müssen sie lernen, sich anzupassen. Auf diese Weise können sie dann ihren spirituellen Samen schützen und ihre schöpferischen Impulse und Handlungen in sozial annehmbare Kanäle lenken, wo geringstmögliche Reibungen und Kraftvergeudungen stattfinden.

Aber diese Art sozialer Anpassung sollte nicht den Fluß der Kraftfreisetzung ablenken oder trüben. Sie sollte auch nicht die Qualität der geschaffenen Bilder verändern, oder die Vision umnebeln, die sie transportieren. Deshalb ist die wirklich kreative Widderperson unablässig mit der Notwendigkeit konfrontiert, die Art von Anpassung anzunehmen, die vor Vergeudung oder ständiger persönlicher Verletzung schützt, gleichzeitig aber eine andere Art der Anpassung abzulehnen, die Kompromiß und Mißbildung des Samens bedeutet.

Dies zu unterscheiden, ist eine schwierige Aufgabe! Anpassungsfähig zu sein, und dennoch die Reinheit und vollkommene Integrität der eigenen Mission, des eigenen Ideales zu bewahren; Umwege anzunehmen, und dennoch die Richtung auf das Ziel hin nicht zu verlieren; verständnisvoll und freundlich zu denen zu sein, die spirituell erst erweckt werden müssen, dennoch aber den Charakter der Botschaft nicht zu verzerren oder absinken zu lassen; die Werte der Vergangenheit einzusetzen, und dennoch nicht den Ausverkauf der Zukunft an eine unsichere Gegenwart zu betreiben; Menschen gegenüber umgänglich, dem Geist aber kompromißlos treu zu sein. — Das sind die Probleme, auf die die schöpferische Widderperson immer wieder in der einen oder anderen Form treffen wird.

Der Weg der geringsten Widerstandes für dieses Temperament ist der unmittelbare Kraftausstoß ohne Rücksicht auf Kosten oder Ergebnisse, aber der Geist im Inneren wird dem Widdermenschen eine Gabe anbieten, die er unbedingt annehmen sollte: die Gabe der Anpassung. Letztendlich wird er erkennen müssen, daß seine Handlungen, wenn sie dem Gesetz des Geistes treu sein sollen, mehr durch Mitgefühl als durch die reine Freude am schöpferischen Ausbruch bestimmt sein müssen. Er sollte lernen, nicht nur von einer unklar erahnten spirituellen Quelle aus zu handeln, sondern als der Geist, das heißt also, immer als Antwort auf ein Bedürfnis. So zu handeln bedeutet offensichtlich, daß man die Resultate einer Handlung als äußerst wichtig betrachtet.

Die Handlung muß an das Bedürfnis angepaßt sein, wenn sie durch den Geist bestimmt ist. Sie muß den Charakter einer inneren Notwendigkeit haben und notwendige Bedingungen treffen. Wirklich mitfühlend zu sein heißt, daß man sich an die notwendigen Bedingungen der Umgebung anpaßt, während man das ausströmen läßt, was diese Umgebung von der Fülle des eigenen Seins verlangt. Es heißt, daß man lernen muß, mit jenen Menschen zu leben, die aufgerüttelt, angeführt oder gefürchtet werden wollen, und das beinhaltet vor allem, daß man ihre Probleme und Enttäuschungen akzeptiert, selbst wenn dadurch Grenzen und unangenehme Bedingungen für den eigenen schöpferischen Ausbruch aufgebaut werden.

Die Ergebnisse der eigenen Handlungen und ihre Wirkungen auf diejenigen, die sie herausgefordert haben, genügen noch nicht. Die Kraft der Anpassung sollte nicht nur auf die Empfänger der schöpferischen Energie oder der spirituellen Mission angewendet werden, sondern sich auch auf die Beziehung des Schöpfers zur Quelle dieser Energie, zum Leben oder dem Geist beziehen. Das heißt, daß alle, die erkennen, daß sie nach den charakteristischen Mustern des Widdertypus handeln, nicht selbstverständlich davon ausgehen sollten, daß das Leben oder der Geist immer zur Verfügung steht, um ihr Verlangen nach Handlung und schöpferischem Ausdruck zu befriedigen. Vielmehr umgekehrt so tief wie möglich das Wesen des Lebens oder Geistes, wie auch die Gesetze ihrer eigenen Handlungen verstehen. Sie sollten lernen, ein vertrauenswürdiger Manager der Lebensenergie und Geisteskraft zu werden. Sie sollten für ihren Samen verantwortlich sein und ihn je nach dem zyklischen Charakter des Augenblickes weise einsetzen. Sowohl das Leben als auch der Geist wirkt in Rhythmen. Rhythmus ist die erste Eigenschaft der universellen schöpferischen Kraft. Der impulsive und initiierende Menschentypus muß viel über das richtige Zeitmaß und die richtige Akzentuierung lernen. Er neigt dazu, krampfartig, angespannt und unkontrolliert zu handeln, oder seine Kraft in langen Aktivitätsphasen zu vergeuden, ohne auf die notwendigen Pausen einer zyklischen Erholung zu achten.

Kurz gesagt: Wer nach Widderart handelt, muß lernen, seine Kraftausbrüche an den natürlichen Rhythmus physischer und spiritueller Ebbe und Flut wie auch an die Art der menschlichen Bedürfnisse anzupassen. Er sollte nicht nur handeln, sondern die Rolle spielen, die schicksalsgemäß die seine ist, und seine Vorstellung sollte den Stichworten folgen, die er von den anderen Schauspielern des Stückes erhält. Es muß eine ›organische‹ Aufführung sein, die im Namen des Ganzen gespielt wird und nicht nur um eines unrhythmischen oder verschwenderischen Energieausbruches willen, der nur in einem Teil, Organ oder einer Funktion dieses Ganzen hängenbleibt.

Eine Person, die sich dem Geist geweiht hat und ihm treu ist, handelt in bezug auf menschliche Bedürfnisse als der Geist. Ein Mensch mit Initiative, der sich der Menschheit zuwendet oder jenen wenigen, denen er zu dienen hat, wird sagen: »Dein Bedürfnis soll befriedigt werden.« Und mit einer ehrfurchtsvollen und dankbaren Verbeugung gegenüber der Quelle, aus der all seine schöpferische Kraft stammt, wird der hinzufügen: »Dein Rhythmus wird mich führen.« Wenn ein Mensch auf diese Weise also die Handlungen des Geistes vollzieht und das dynamische Ziel des Lebens weitertreibt, wird er Befriedigung und Harmonie erfahren. Er wird wissen, daß dies die zyklische Verbindung von Gott und Mensch im schöpferischen Akt ist. Er wird es wissen, wie der Blitz die Erde kennt, wie der Wind das Meer fühlt, wie das Licht die Welten erfährt, die es in den Raum hinaustreibt.

Loslösung

In Indien gab es einmal eine Zeit, in der unter der Herrschaft des romanischen Gesetzes eine starke und schöne soziale Gesellschaftsordnung herrschte. Der sagenumwobene Gesetzesgeber Manu hatte eine Gesellschaftsform errichtet, die auf einer recht beachtlichen Erkenntnis beruhte: Er hatte die Unterschiede zwischen den verschiedenen Entwicklungsebenen des menschlichen Wesens wie auch die Eigenart der verschiedenen Phasen des menschlichen Lebens erfaßt. Diesem Gesetzeskodex zufolge sollte jedes menschliche Wesen zu jeder beliebigen Zeit genau die Aufgaben durchführen, die ihm am natürlichsten waren. Aufgaben also, die der normalen und erwarteten ›Linie des geringsten Widerstandes‹, seiner organischen, endokrinen oder biopsychologischen Fähigkeit folgten. Ganz offensichtlich konnte ein solches Verhaltensprinzip leicht zu sozialem Chaos und Anarchie führen, dann jedenfalls, wenn Menschen sich durch selbstsüchtige Sehnsüchte ihrer persönlichen Egos leiten ließen, die sehr oft, und vor allem bei intellektuellen Menschen, gegen natürliche Rhythmen und Funktionen rebellieren. So konnte es vorkommen, daß ein intelligenter Mensch seinen weniger intelligenzbegabten Kameraden viele Aufgaben aufhalste, für die er sich selbst zu gut war und vor denen er sich drücken wollte. Außerdem neigt jeder Organismus dazu, angenehme (oder manchmal sogar schmerzhafte) Handlungen ständig zu wiederholen, anstatt in ein neues und unvertrautes Feld der Erfahrung einzutreten. Deshalb wurde es notwendig, Normen natürlichen Verhaltens aufzustellen, Normen, die sich veränderten, je nachdem, ob ein Mensch aus der einen oder anderen rassischen oder gesellschaftlichen Umgebung stammte, oder die eine oder andere Art physischer oder psychischer Eigenschaften zeigte. Die vier ›Kasten‹ Indiens, die jetzt nur noch in degenerierter Form vorhanden sind, waren ursprünglich solche ›Normen‹ eines sozio-biologischen Trends und Verhaltens. Sie stellten die Ordnungsprinzipien des sozialen Verhaltens und die Basis eines gründlich durchgeplanten sozialen und ökonomischen Systems dar.

Das Leben eines jeden Menschen war auch in vier ›Lebensalter‹ eingeteilt. Jedem Alter, jedem Zeitraum, wurde eine bestimmte Aufgabenart, eine bestimmte Art der Beziehung zwischen den Individuen und der Gemeinschaft zugeordnet. Während seiner Jugend lernte ein Individuum von den Eltern und nahm die Früchte der Vergangenheit seiner Gesellschaft in sich auf. Sobald es 20 war, trug es dann zur Erhaltung seiner Gemeinschaft bei, indem es sie mit Kindern und den materiellen Erzeugnissen von Landwirtschaft, Handel usw. versorgte. Wenn es dann vollständig erwachsen war, und seine Kinder einen bestimmten Grad der Unabhängigkeit erreicht hatten, begann es, den Prozeß der sozialen und kulturellen Entwicklung zu lenken und arbeitete für die ganze Gesellschaft, nicht nur für seine eigene Familie. Im Alter schließlich wandte es seine Aufmerksamkeit dem letzten Schritt (dem Tod) zu und lernte, sich auf den Tod und die Erfahrungen nach dem Tod vorzubereiten, indem es sich von allen irdischen Verbindungen loslöste.

Während dieser letzten Lebensphase wählte sich der alte Mann als Wohnplatz einen Baum im Wald, der sein Dorf oder seine Stadt umgab, um dort über die tieferen Möglichkeiten des Lebens und über das Jenseits der körperlichen Existenz zu meditieren. Der Verlauf dieser Meditationen führte ihn ganz natürlich zu fortschreitendem Rückzug und zur Loslösung von den Dingen, die ihm so wichtig erschienen waren, als er mit einer aktiven physischen und sozialen Existenz beschäftigt war. (Natürlich aufgrund des endokrinen und psychologischen Wandels in seiner Persönlichkeit.) Der ›Lebensatem‹ wurde neu interpretiert als ›Geist‹ – wobei das Wort für diese beiden Begriffe in den archaischen Kulturen oft dasselbe war. ›Sexualität‹ wurde für ihn zur kreativen Kraft des Universums, zu Brahma, der Kraft der Expansion. Auf diese Weise verlieh der alte Mann in seinen Meditationen seinen vertrauten Erfahrungen nach und nach eine neue Bedeutung – sie wurde nun transzendierend oder medial. Mit der Zeit entwickelte sich in Indien eine Gruppe von Menschen, die sich in den Wald zurückzogen, um über Tod und Befreiung zu meditieren und eine Haltung zum Leben zu formulieren, die schließlich zum Kern aller späteren Hinduphilosophien wurde. Die Lehren dieser Waldphilosophen, die sie den wenigen Schülern mitteilten, die sich um sie versammelten, wurden in einer Reihe von Abhandlungen formuliert, die man im allgemeinen als die ›Upanischaden‹ bezeichnet. In ihnen liegt die Quelle der transzendenten, idealistischen Philosophie, die das religiöse Leben der Menschheit seither beherrscht hat, und schließlich in der christlichen Mystik blühte, nachdem sie im 6. Jahrhundert vor Christus von Gautama, dem Buddha, verändert und mit größerer Absolutheit formuliert worden waren. An der Wurzel einer solchen Philosophie liegt die Vorstellung und die Praxis der ›Loslösung‹.

Es ist heutzutage wichtig zu wissen, daß die Gesellschaft, die sich unter dem Kastensystem von Manu entwickelte, für ihre Zeit und in bezug auf die allgemeine Entwicklung der Menschheit in Indien als ›geplante Gesellschaft‹ so vollkommen war, wie man es sich nur vorstellen konnte. Jede soziale Tätigkeit war nicht nur geplant, sondern durch religiöse Gebräuche ritualisiert und geweiht und durch okkulte Elemente der Religion sanktioniert. ›Natur‹ wurde durch göttliche Autorität erzwungen. Alles war (zumindest theoretisch) genau so, wie es dem Rhythmus der menschlichen und irdischen Natur zufolge sein mußte. Aber das Bewußtsein des Menschen war dadurch voll und ganz an diese natürlichen Rhythmen gebunden. Selbst wenn die Menschen im Greisenalter Loslösung und Befreiung zu erfahren begannen, entsprach das noch immer dem Plan.

Aber indem die alte Hindugesellschaft dieses letzte Lebensstadium plante, in der die Menschen sich vom Planen selbst befreien sollten, säte sie bereits die Samen ihrer eigenen Auflösung. Die Waldphilosophen lehrten Loslösung und transzendenten Individualismus für die wenigen, die dem altehrwürdigen Plan zufolge dafür bereit waren. Buddha aber lehrte Loslösung und praktischen alltäglichen Individualismus für jedes menschliche Wesen – wie auch Freiheit von der Bindung an irgendeinen Plan, sei es nun der Plan der Natur oder Manus Gesetze. Er lehrte Loslösung als positive Technik des Lebens, die jeder Mensch zu jeder beliebigen Zeit einsetzen konnte; und diese Methode führte zu einem vollkommenen Seinszustand, den jeder Mensch, unabhängig von seiner Geburt, erreichen konnte. Die revolutionäre Wirkung dieser Lehre war ungeheuer. Sie veränderte den Lauf der menschlichen Entwicklung und legte das Fundament für den christlichen Individualismus wie auch für das christliche Evangelium universeller Liebe.

Gautama, der Buddha, war bei Vollmond im Mai geboren, und der Tradition zufolge erreichte er die Erleuchtung und starb auch im Stiervollmond. Sei es nun Faktum oder Symbol, jedenfalls muß es für jemanden, der die Symbolik der Tierkreiszeichen studiert von höchster Wichtigkeit sein: denn es unterstreicht die tiefe Bedeutung des Zeichens Stier. Der Stier beinhaltet die vollständige Unterwerfung des Menschen unter die natürlichen Rhythmen der menschlichen Aktivität. Er ist das Symbol der ›Bindung‹. Aber Bindung bedeutet hier nicht notwendigerweise eine negative oder zwanghafte Fesselung an die Natur, vielmehr ist damit eine tiefe Identifikation mit den Energien der menschlichen Natur und den Entwicklungsprozessen gemeint, die im Menschen normalerweise unterbewußt ablaufen, und uns zu Zielen führen, die vom Leben oder von Gott angeordnet wurden.

Historisch gesprochen sind die Jahrhunderte, die dem Zyklus der Präzession des Frühlingspunktes entsprechend mit dem Symbol des Stiers identifiziert werden (das 3. und 4. Jahrtausend vor Christus), der Zeitraum der ›vitalistischen‹ Religionen, in denen die Kräfte der natürlichen Fruchtbarkeit als Götter angebetet wurden. Natürliche Fruchtbarkeit ist tatsächlich das Leitmotiv des Stiertypus im menschlichen Wesen. Die Menschen der großen Ackerbaukulturen dieser Zeit glaubten, daß menschliche Wesen nur dadurch ihre Feldfrüchte säen, pflanzen und ernten konnten, indem sie sich an die rhythmischen Kräfte der Natur banden.

Während des 2. Jahrtausends vor Christus begann die Haltung der Loslösung die der Bindung mehr und mehr herauszufordern. Das Stierzeitalter war vergangen. Aber erst durch Buddha wurde die neue Orientierung öffentlich als universell gültige Philosophie und religiöse Haltung formuliert, die die ›Erlösung‹ von dem Leiden und Sterben in der Natur versprach, Erlösung auch von der Fesselung an eine jegliche geplante Gesellschaft und ritualisierte Religion, wie auch Freiheit von individuellem Unglück.

Die alte Hinduhaltung der Loslösung basierte auf der Tatsache, daß es eine Zeit gibt, in der wir das loslassen müssen, was wir besitzen und genießen, in der wir Körper und Leben loslassen müssen. Wenn diese Zeit herannaht, müssen wir lernen, diese unvermeidbare Phase der Loslösung mit Anmut und einem ruhigen Gefühl der Harmonie und Identifikation mit dem Unendlichen anzunehmen. Das war allerdings noch eine negative oder passive Haltung zur Loslösung. An ihre Stelle versuchte Buddha eine positive und überlegte Haltung der Loslösung zu setzen. Er lehrte, daß sie durch ein objektives und rationales Verständnis unseres eigenen Wesens als lebende Persönlichkeiten sowie der Welt als Ganzes erlangt werden könne — und zwar durch totale Aufmerksamkeit, durch eine wissenschaftliche Analyse all unserer Reaktionen und all der zyklischen Reihen von Ursachen und Wirkungen, wie sie bei lebenden Organismen vorkommen, sowie schließlich auch durch die Kontrolle unseres Verlangens.

Diese Kontrolle konnte man nicht durch einen Willensakt der Unterdrückung erreichen, sondern vielmehr dadurch, daß man eine klare Wahrnehmung auf den Prozeß der Bildung, des Wachstums und unausweichlichen Verschwindens aller der Sehnsüchte, Impulse und Gefühle richtete, die uns in die tragische Welt von Freude und Trauer, Vergnügen und Schmerz werfen, wenn wir unser Bewußtsein und Ego mit ihnen identifizieren.

Unsere Bindung an die Objekte natürlichen Verlangens muß in Trauer enden, unsere Bindung an das Leben muß im Tod enden. Warum also nicht gleich am Anfang willentlich und entschlossen aufgeben, was wir unvermeidlich früher oder später inmitten von Schmerz und Not aufgeben müssen? Den Samen des Schmerzes zu töten, indem man das Unkraut des Verlangens mit dem Feuer der Aufmerksamkeit und Erkenntnis verbrennt. Darin liegt die Weisheit. Das bedeutet, dem edlen Pfad, Arya Dharma zu folgen — der ›Wahrheit, die alle Menschen befreit‹.

Alle Menschen, nicht nur die Brahmanen oder die Eingeweihten ritueller Mysterienkulte! Vor der Wahrheit Buddhas gibt es keine Kaste. Man braucht auch kein besonderes Lebensalter zu haben, um das befreiende Geheimnis der Loslösung zu erfahren. Das Schwert der Loslösung und der Trennung muß von einem starken Bewußtsein und einer edlen Seele geschwungen werden: Beides aber kann man bei einem Barbier der niedrigen Kaste (einem hervorragenden Schüler Buddhas) ebenso leicht finden wie bei einem hochgebildeten Philosophen. Dieses Schwert zertrennt die Schleier der Natur, zertrennt die magnetisch-elektrischen Polaritäten von Leben und Tod, Liebe und Haß, Freude und Trauer, die der menschlichen Natur — jeglicher Natur — zugrunde liegen. Im Bewußtsein der Bedeutungslosigkeit der unablässigen Ebben und Fluten im ungeheuren Ozean des universellen Lebens identifiziert sich der Weise weder mit der Ebbe noch mit der Flut. Er folgt dem Mittleren Pfad, dem Pfad des Gleichgewichtes. Da er keiner der beiden Polaritäten des Lebens verhaftet ist, da er nichts Besonderes ersehnt und erwünscht — nicht einmal, mit dem Wünschen aufzuhören! — tritt er in einen Seinszustand ein, der jenseits der Natur liegt: das Nirvana.

Dieses Wort wurde sowohl von Westlern als auch von einer großen Anzahl Hindus ziemlich mißverstanden. Symbolisch bedeutet es ›Fehlen eines Fahrzeugs‹. Es bezieht sich auf einen Zustand, in dem das Bewußtsein frei von Bindungen an eine bestimmte Art eines ›Fahrzeugs‹, einer Methode, eines Systems, einer Organisation oder eines natürlichen Organismus ist. Es ist ein Bewußtsein, das von der Natur und ihren vielen ›Rädern‹, ihren schicksalsträchtigen Zyklen von Geburt, Tod und Wiedergeburt, nicht bestimmt ist. Es ist ein Bewußtsein, das an der Nabe aller nur denkbaren Räder liegt, wo inmitten von Bewegung und Gefühl Ruhe herrscht.

Alle zusammengesetzten Dinge müssen irgendwann verwesen, zerfallen. Jedes Ding, das seinen Ausdruck in einer bestimmten Form, einem bestimmten Namen oder einer Reihe von Attributen findet, wird diese Form, diesen Namen oder diese Attribute zu irgendeiner Zeit in der Zukunft verlieren. Nur das kann dem universellen Zerfall komplexer Substanzen entkommen, was einfach und einzeln ist und seine Manifestation in jedem Ding und jedweder Bedingung findet.

Und was ist das? Buddha lehnte es ab, Antworten auf alle metaphysischen Fragen zu geben. Er war ein praktischer Realist, ein Technologe. Er lehrte: Gib die Bindung an alle Sehnsüchte auf, und du wirst ›DAS‹ sein. Nirvana ist ein Seinszustand. Es bezieht sich aber auf kein einzelnes Sein, das man verehren könnte, so transzendent oder göttlich es auch sein könnte. Es ist ein praktischer Seinszustand, den Sie jetzt erlangen können. Sie können ihn erlangen. Alle Menschen können ihn erlangen, wenn sie den Mut haben, das unausweichliche Ende aller Dinge zu verstehen, und ihm ins Auge zu sehen, wenn Sie den Mut haben, aus Ihrem inneren Sein und Bewußtsein die tiefliegende Ursache aller Knechtschaft und allen Leidens herauszureißen, wenn Sie es wagen, frei zu sein, und es nicht nur wagen, sondern die Methode der Befreiung mit Ausdauer anwenden. Alles andere hat keinen letztendlichen Wert, keine letztendliche Bedeutung.

Die Botschaft der Loslösung ist die Antwort auf den Persönlichkeitstypus des Stieres, denn in der symbolischen Sprache des Tierkreises stellt der Stier jene Person dar, die prinzipiell in ihrer oder seiner Bindung an die Natur und das Ideal natürlichen Wachstums und natürlicher Erfüllung in erdgeborenen Organismen lebt. Diese Bindung an den Rhythmus des Universums und die Identifikation damit kann große Schönheit und einen außerordentlichen Reichtum an Reaktionen auf Liebe und Leben erzeugen, und in einem Zeitalter mechanischer Künstlichkeit wie dem unsrigen können die Eigenschaften des Stieres sehr wertvoll sein. Der Stier ist ein großartiges Glied der Bindung an das ›Leben‹. Er ist der wundersame Sklave eines Meisters, der über alle Maßen großartig ist. Und dennoch zeigte Buddha, daß der Geist im Menschen noch größer ist.

Dieser Geist ist keines Herren Sklave, nicht einmal der Sklave des Lebens, der Liebe oder irgendeines Gottes, der durch das ewige Verlangen des Menschen nach einem universellen Vater herbeigerufen wurde, und auf den man die Last der Weltenlenkung und Befreiung wälzen könnte. Der Geist in jedem Menschen ist seiner Natur nach frei. Er kennt keinen Zerfall, keine Verwesung, er kennt keinen Schmerz. Die Ebben und Fluten von Universen und Zyklen folgen einander am Rande des endlosen Rades der Zeit. Alle Dinge gehen dorthin zurück, woher sie kamen. Jeder Anfang ist bereits ein verkleideter Tod. Aber im Kern aller menschlichen Erfahrung gibt es jene Stille und jenen Frieden, der gefühlt werden kann, wenn alles Gefühl aufhört, der erkannt werden kann, wenn alles Erkennen versagt.

Diese Stille und dieser Frieden zu sein, das ist die einzige ›Erlösung‹, darin nur besteht Freiheit. Strebe sorgfältig und unablässig danach, und dennoch ohne Hast, heiter und ohne Verlangen nach diesen seinen Gaben. Strebe danach, bis kein Bedürfnis mehr besteht, danach zu streben, bis es überhaupt kein Bedürfnis mehr gibt, bis es überhaupt nichts mehr gibt.

Die Kunst,
Dinge geschehen zu lassen

In den antiken Kulturen, die von den Geschichtsschreibern aufgezeichnet wurden, identifizierte man den Geist mit feinen und flüchtigen Dingen: dem Wind, der sich dem Griff entzieht, dem Duft der Blumen und vor allem dem Atem, bei dessen Ausbleiben der Tod mit seinen Geheimnissen herannaht. In späteren Zeitaltern gab es dann Menschen, die über das große Mysterium des Todes intensiv nachdachten, um den Tod dann nicht nur willkommen zu heißen, sondern noch zu Lebzeiten mit großer Entschlossenheit den Eintritt in das Reich des Jenseitigen zu erlangen; für diese Menschen wurde der Geist zu einer transzendenten Wesenheit. Diese Menschen lehrten, daß man den Geist nur durch Loslösung von eigenem Verlangen erfahren könne. Deshalb mußten alle Definitionen des Geistes auch negativ sein. Er war nicht das und nicht jenes. Er war weder diese Bedingung noch ihr Gegenteil, weder gut noch böse, weder Licht noch Dunkelheit. Tatsächlich konnte niemand den Geist definieren, sondern nur eine endlose Reihe all der begrenzten Dinge aufzählen, die er nicht war. Selbst für den christlichen Mystiker ist Gott nicht wirklich Majestät und allumfassende Herrlichkeit, denn er hat Seine Gegenwart in der ›geheimen Kammer‹ seines Herzens gefühlt, wo nur Schweigen und Nichts ist, und mit versagender Stimme spricht er von Gottes ›Unendlicher Armut‹.

In unserer Zeit aber dämmert eine neue Epoche menschlicher Entwicklung herauf. In den fernen Bereichen des Bewußtseins, in denen Verstand und Herz, Handlung und Anschauung, Körper und Seele in beständiger Harmonie der polaren Gegensätze vereint sind, sucht ein neues Verständnis von Geist nach einer angemessenen Formulierung. Vielleicht wird diese Formulierung jahrhundertelang nicht zustande kommen, oder vielleicht wird sie umgekehrt gerade jetzt in Worte und Klänge, in Formen und Taten projiziert, irgendwo, wo das Bedürfnis am größten ist und der Verlust aller Sicherheit am unwiderruflichsten. Worin besteht dann dieser neue Begriff des Geistes?

Geist als Bezogenheit. − Das könnte ein Hinweis auf eine neue Definition des Geistes sein. Geist als das Licht, das zwischen allen Gegenteilen leuchtet, die sich einander in Verständnis und Frieden begegnen: Auch dies könnte ein Leitfaden für die neue Offenbarung vom Wesen des Geistes sein. Die Freimaurer verbanden in ihrer grundlegenden Symbolik zwei Säulen, Jachim und Boaz, von denen jeder eine Polarität des Seins darstellt. Diese beiden symbolischen Säulen können von unterscheidendem Verstand überall wahrgenommen werden, denn überall gibt es Dualität und Polarität. Dem antiken Denker könnte der Geist wie der Wind erschienen sein, der zwischen diesen Säulen weht. Für den transzendentalen Mystiker und Idealisten ist der Geist das unauslotbare Geheimnis im Tempel, dessen Eingang von zwei Säulen bewacht wird. Und könnten wir nicht sagen, daß der Geist heute, in unserer Zeit, das Licht der Erfüllung ist, das von dem Menschen ausgeht, der zwischen diesen Säulen steht und der bejahend und angstfrei seinen Weg zu immer mehr Licht und immer umfassenderer Fülle des Seins geht?

Das Tierkreissymbol der Zwillinge ist eine vereinfachte Darstellung zweier Säulen, die oben durch das Dach und unten durch den Boden des Tempels verbunden sind, dessen Schwelle sie darstellen. Die Zwillinge sind das Tor, das zum Tempel der menschlichen Erfüllung führt. Durch das Tor weht der Wind des Schicksals. Hinter dem Tor ist das Allerheiligste in Geheimnis und Glanz, nicht ohne eine Beimischung von Angst. Am Tor hält der Schüler inne und blickt dem Innersten des Heiligtums in Erwartung und Verständnis entgegen; hier steht auch der Priester vor der äußeren Welt und segnet die Mengen.

Am Tor... Dies ist der Ort, um innezuhalten, anzunehmen und den Frieden kennenzulernen, der dem Suchenden Erfolg bei seiner Suche nach spiritueller Wirklichkeit versprechen kann. Dies ist der Ort, an dem man sich der Konfrontation stellen muß, an dem der gefürchtete ›Hüter der Schwelle‹ zwischen den beiden sich auftürmenden Säulen, die sich bedrohlich nahe kommen, akzeptiert und überwunden werden muß. − Unsere ganze Vergangenheit ist in der Erfahrung intensiver Aufmerksamkeit konzentriert, die in ihrem Schauder oftmals gleich vor Verzweiflung und Schrecken ist. Am Tor wünscht sich die junge und unvorbereitete Seele voller Erregung und eifriger Neugier vielleicht, geradewegs in das Geheimnis hineinzurennen. Sie macht sich kaum Gedanken um die majestätischen Säulen. Blind für ihre quälende Gegenwart möchte sie ihren Weg in das Heiligtum erzwingen. Doch was würde sie dort finden? Nichts außer der rächenden Wut ihrer Enttäuschung und Ängste, nichts außer den aufgewühlten Bildern ihres dunkelsten Versagens − und sie würde geblendet und fassungslos zurücktaumeln.

Am Tor... dort kann das größte Bedürfnis des Zwillingstypus erfahren werden. Dieser Typus ist von lebhaftem Eifer und heller Neugier nach Wissen und Erfahrungen erfüllt. Wie ein Student, der die typische Darstellungsform des Zwillingsmenschen ist, empfindet der Zwillingstypus, daß alle Erfahrungen für seine Frage zur Verfügung stehen, daß es nichts gibt, was nicht erkannt werden kann, keine geheime Tür, deren Schloß nicht aufgebrochen werden kann. Mit unschuldigem Eifer versucht er, alle Handlungen miteinander zu verbinden, alle Daten zu klassifizieren, die Götter und Sterne des ganzen Universums zu katalogisieren, Abenteuer im Himmel und Hölle in Gang zu setzen.

Aber eines muß er lernen: die Kunst, die Dinge geschehen zu lassen. Er muß lernen, innezuhalten und zu warten. Er muß lernen, zuerst zu verstehen, und dann erst zu handeln. Am Tor aller Erfahrungen muß er haltmachen und lauschen, und er muß sich vor den beiden großen Säulen des Lebens verbeugen, denn sie sind hier, um ihn zu lehren, daß die ganze Natur Gesetzen gehorcht, die nicht gebrochen werden können, und in Zyklen geordnet sind, deren Rhythmen alles bestimmen.

In allen Dingen und allen Umständen gibt es Aktion und Reaktion. Der Puls des Lebens wird von den Gezeiten des Schicksals gemessen, die die Entfaltung der Ereignisse kontrollieren. Es stimmt, daß jedes Ziel und jedes Ereignis, das klar ins Auge gefaßt und ausdauernd verfolgt wird, letztlich eintritt. Dennoch muß ein Mensch, der einem Ziel zustrebt, erst lernen, daß dieses Ziel für ihn geschieht: nicht in passiver Erwartung und sorglosen Wünschen, sondern in Schweigen und jener Pause, die der Friede ist. Friede zwingt alle Geheimnisse, sich zu enthüllen. Körper können verletzt werden, aber Seelen öffnen sich nur dem, der in Kraft und Stärke warten kann. Eifer genügt nicht, notwendig ist auch die Kraft, die aus dem Verständnis kommt. Was zieht alle Dinge an sich? Ein Vakuum in einem starken Gefäß, das durch keinen Druck zerbrochen werden kann.

Es gibt eine innere Leere des Geistes, die alles Wissen an sich zieht. Für die typische Zwillingsperson ist es schwierig zu verstehen, daß eine solche Äußerung sinnvoll sein kann.

Aber zu lernen, daß sie tatsächlich sinnvoll ist, ist vielleicht das größte Bedürfnis des Zwillingstypus. ›Die Kunst, die Dinge geschehen zu lassen‹ ist das größte Geschenk des Geistes für seine eifrige Neugierde und seine Leidenschaft, Erkenntnis und ganz allgemein Objekte zu erlangen. Es ist das Geschenk der Ganzheit des Seins an eine Person, die ihr angespanntes Streben nach ›Bewußtheit‹ um jeden Preis, aber eben nur, um bewußt zu sein, überschätzt.

Man kann den Wert und die Bedeutsamkeit bewußter Darstellungen zu sehr betonen. Man kann den Willen zu intellektueller Klarheit und geistiger Formulierung in einem solchen Ausmaß betonen, daß außer den relativ wenigen Fakten, die in die bewußten Strukturen des Verstandes passen, alles andere unbemerkt bleibt. Man kann seine Wahrnehmungskraft und Klassifizierungsgabe so sehr überdehnen, daß sich etwas entwickelt, was C. G. Jung anschaulich und äußerst genau als einen ›Krampf im Bewußten‹ bezeichnet hat. Wenn dieser Krampf nicht gelöst wird, wenn ein Mensch nicht das Leben wieder in die nun entspannten Strukturen des Verstandes einfließen läßt, wird der Suchende niemals den Geist finden, soviel er auch zu wissen glaubt. Denn der Geist ist die unablässige und vollkommene Bezogenheit zwischen allen Objekten, Personen und Ereignissen. In den Begriffen der modernen Physik ist der Geist das umfassende Muster der ›Weltlinien‹, die das Wesen des Raums und die Überschneidungen ausmachen, die wir als Dinge und Ereignisse wahrnehmen.

Den Geist in wirklichem Verständnis zu suchen, heißt, diese Weltlinien im eigenen Gesichtsfeld zu sammeln, die ihre komplexen zyklischen Muster vor dem Beobachter weben. Es bedeutet, mit intensiver Aufmerksamkeit und positiver Offenheit des Geistes auf der Schwelle aller Erfahrungen zu stehen, ohne Eile, heiter, ohne Anspannung oder das Verlangen, die ineinander verwobenen Muster der Ereignisse in feste Formen einzupassen. Es heißt, eine Verkrampfung des Verstandes zu vermeiden, die zur Folge hätte, daß ungewohnte oder unwillkommene Ereignisse nicht ins Bewußtsein eingelassen werden, und daß Gefühle, die zu überwältigend sind, um sie auszudrücken, zurück in das verhärtete Herz gezwungen werden. Es bedeutet, die schwierige Kunst, positiv und komprimiert zu sein, zu lernen, gleichzeitig aber Dinge ihrem eigenen natürlichen Rhythmus gemäß geschehen zu lassen. Es heißt, mit Überzeugung und eifriger Entschlossenheit vorwärts zu gehen, dennoch aber keine Angelegenheit zu forcieren, bis nicht der richtige Rhythmus zwischen beiden großen Säulen des Tores zur Wirkung kommt, und der Schrein hinter der majestätischen Gestalt des wohlwollenden Mysterienpriesters auftaucht.

Die Säulen, der Boden und das Dach des Tempels bilden ein mystisches Viereck. In diesem Viereck steht der Kandidat aufrecht und konzentriert sich auf die Mitte seines Seins... Dort, wo sich die Diagonalen seiner Figur überschneiden... Und dies ist die Kraft, die aus den Richtungen des Raumes hervorkommt: Nordosten, Südwesten, Südosten, Nordwesten. Vor ihm steht der Mysterienpriester, der ihn eingeweiht hat, er heißt ihn einzutreten.

In symbolischer Form ist dies das Muster aller wirklichen Erfahrungen, wie sie dem Suchenden, der sich um spirituelle Erkenntnis bemüht, begegnet. Ungeduld und gierige Hast des Verlangens wird die heilige Zeremonie nur stören. In Weisheit kann man sich nicht hineinstürzen: man kann sie nur durch die Ganzheit des eigenen Wesens aus der Ganzheit des Lebens empfangen. Die Weisheit, die vom Geist kommt, ist ein Geschenk. Ein Geschenk deshalb, weil sie zum Empfänger als vollkommenes Ganzes kommt. Er setzt sie nicht Stück für Stück zusammen, baut kein Gerüst auf, in das er jedes fügbare Stück hineinwirft, Weisheit ist ein

Geschenk. Und die Verleihung eines Geschenkes kann man nicht erzwingen. Das ist die Wahrheit, die der Zwillingstypus lernen muß, und auch das muß er als Geschenk empfangen. Das Herz wird seinen Sinn nur verstehen, wenn man ihm abverlangt, diese scheinbare Trivialität stürmisch zu akzeptieren. Alle Samen reifen langsam, Weisheit und Integration gehören zum Wesen von Samen. Man muß in sie hineinwachsen, mühelos, heiter, im Glauben und in Schönheit.

Wissen, wohin man gehört

In dem tragischen Versuch, eines der größten Probleme der Menschheit zu lösen, sind Kriege und Revolutionen ausgefochten worden: Dieses Problem ist das Verhältnis von Individualismus und Kollektivismus. Es ist tatsächlich ein universelles Problem. Alle Welten und Existenzbedingungen sind nur verschiedene Antworten auf diese Frage der Fragen. Aber während Planeten, Bäume und ›Engel‹ (was immer das bedeuten mag) und ähnliche Wesen ein mechanischer Ausdruck der Lösungen sind, die durch die im Kern der universellen Evolution wirkende Kraft definiert wurden, haben Menschen die gott-ähnliche Fähigkeit in sich, eine Vielfalt von Lösungen zu formulieren und auszuprobieren. Sie können in ziemlich großem Ausmaß Entscheidungen fällen − und dennoch nicht so groß, wie sie es vielleicht glauben! −, Entscheidungen darüber, wieviel Gewicht sie dem Individualismus oder dem Kollektivismus in ihrem Leben geben wollen. Sie können darüber entscheiden, wie sehr sie die Rechte des Individuums betonen, und umgekehrt, wie tief ihr Gehorsam gegenüber den Diktaten der Gesellschaft oder des Staates ist. Und diese Fähigkeit gibt allen Menschen eine große Verantwortung − eine tragische Verantwortung.

Heutzutage diskutieren wir über die Verdienste einer kollektivistischen Haltung zum Leben im ökonomischen und politischen Bereich, und viele Menschen glauben, daß der Kampf zwischen Individualismus und Kollektivismus nur auf diesem Feld stattfindet. Aber das ganze Leben ist im Grunde ein Konflikt zwischen den Kräften, die eine Reihe von verschiedenen Elementen zu isolieren suchen, um sie in einen relativ einzigartigen und unabhängigen Organismus zu integrieren, und andererseits den Kräften, die versuchen, die Isolation der individuellen Wesenheit zu zerstören und aus ihr eine der vielen Einheiten in einem großen und ganzen machen möchten, dessen Ziel und Rhythmus sie dann untergeordnet wird. Alle modernen Psychologen erkennen die Wichtigkeit dieses grundlegenden Lebenskonfliktes an, der sich zwischen dem ›Individuum‹ und der ›Gesellschaft‹, wie wir es heute nennen, abspielt; und sie versuchen, den Konflikt in eine harmonische Ehe oder wenigstens einen tragfähigen Kompromiß zu überführen.

Das zwölf-fach geordnete zyklische Muster des Tierkreises ist ein sehr geeignetes Hilfsmittel, um auf allen beliebigen Ebenen die verschiedenen Phasen dieses immer neuen Kampfes aufzuzeichnen, der zwischen dem Trend zur Individualisierung und dem Druck der Kollektivierung stattfindet. Dieser Kampf verleiht der periodischen Abfolge der Jahreszeiten und dem Jahreszyklus der Vegetation ihre eigentliche Bedeutung. Der Frühling ist die Zeit, in der sich das Leben in verschiedenen Organismen auszudrücken sucht, die voneinander so verschieden sind, wie es das Stadium ihrer Evolution nur erlaubt. Es ist die Jahreszeit, in der alle Lebensenergien und chemische Substanzen darauf abzielen, sich im ausschließlichen Feld eines besonderen Organismus oder einer individuellen Persönlichkeit zu harmonisieren, zu vermischen, zu integrieren. Und die Sommersonnwende, der Anfangspunkt des Tierkreiszeichens Krebs, stellt den Gipfel dieses Frühlings dar. Andererseits ist der Herbst die Jahreszeit, in der individualisierte Merkmale etwa mit dem Fall der Blätter hinwegwelken, in der alles, was nicht vom Boden aufgenommen und vom Schnee bedeckt wird, sich im Samen konzentriert. Und der Samen widmet sich bis zum äußersten der Aufgabe, die kollektiven Werte und Energien einer Spezies aufzubewahren, jeder einzelne Samen ist der Ausdruck der ganzen Spezies und ihres Willens zur Unsterblichkeit.

Die Frühlingssymbole des Tierkreises stellen Typen menschlicher Wesen dar, die jeweils auf ihre eigene Weise glühend danach verlangen, den Status des Individuums zu erreichen. Diese Menschen erstreben die größtmögliche Verschiedenheit, als ihr höchstes Ziel sehen sie die Erlangung persönlicher Integration und individualisierter Selbstheit. Der Widdertyp strebt nach diesem Ziel, indem er die Kraft des neuen schöpferischen Impulses, der neuen Ideen personalisiert; der Stiertyp, indem er menschliche Substanz und menschliche Energien in einen Zustand größter Empfänglichkeit für den befruchtenden Geist des ›Menschen‹ oder Gottes versetzt. Der Zwillingstyp wiederum sucht nach persönlicher Integration durch zunehmende geistige Wachsamkeit und ein ehrgeiziges Streben nach neuen Werten und einem neuen Sinn von Beziehung.

Und dann kommt die Sommersonnwende. Die Gezeiten wenden sich. Die Sonne steht symbolisch still und bereitet sich auf ihren Abstieg vor. Die Sonnenuntergänge beginnen nun, südlicher stattzufinden, die Integration auf einer individualistischen und exklusiven Basis hat ihr Maximum erreicht. Im Krebstypus erkennen wir sowohl den reinsten oder ›zähsten‹ Individualismus in Aktion, die größte Art der Isolation und des Isolationismus, wie auch ein ganz bestimmtes Gefühl von Angst und Unbehagen, das aus der unausweichlichen Erkenntnis resultiert, daß die Gezeiten sich gewendet haben und die Gesellschaft und ihre kollektive Kraft schließlich das Individuum überwältigen werden. Die Krebspersönlichkeit ist auf der bewußten Ebene höchst individualisiert, und empfindet dennoch im Unterbewußten eine Angst vor dem unausweichlichen Druck der Forderungen, die das Leben, die Gesellschaft, die ganze Menschheit und schließlich Gott an den einzelnen stellen werden.

Der konkreteste Ausdruck dieser Forderungen ist: das Kind – und das Heim, das durch ein Kind notwendig wird. Wenn eine Frau schwanger wird, so muß sie die hart errungene Individualität ihres Bewußtseins wie auch ihrer physischen Struktur aufgeben. Wenn ein Mann ein Heim sichern muß, so heißt das für ihn, daß er sich in dem Räderwerk gesellschaftlicher Pflichten, gesellschaftlicher Achtbarkeit und gesellschaftlicher Normalität verfangen hat. Das Leben hat den Sieg über die Mutter davongetragen, die Gesellschaft hat den Sieg über den Familienvater davongetragen. Für keinen von beiden gibt es eine Rückkehr, jedenfalls nicht für einen langen Zeitraum. Und dennoch führt dieser Sieg des kollektiven Lebens und der Gesellschaft über diese Individuen zu persönlicher Erfüllung. Es ist wirklich so, daß der Gipfel einer Kurve auch der Beginn ihres Abstiegs ist. Dieser Umstand ist die Lösung all der Rätsel, die eine typische Krebsperson sich selbst wie auch den anderen aufgibt.

Das Zeichen Krebs ist das Symbol für persönliche, private Integration. Es stellt den Willen dar, eine Grundlage für die eigene Integrität, das eigene Bewußtsein zu schaffen, die auf einem ganz bestimmten, eingegrenzten und verbal formulierten Erdsystem beruht, das andere Wertsysteme ausschließt. Es stellt die Mühen dar, einen klaren, wenn auch engen Brennpunkt für das Wirken des Lebens und Bewußtseins zu schaffen, und auch hier wieder kann ein solcher Brennpunkt sich durch ein Kind oder durch ein Heim verwirklichen – mein Kind und mein Heim, wobei beide Teile theoretisch eine durchaus einzigartige Ausdrucksform der vermeintlich einzigartigen Persönlichkeiten der Eltern sind! Aber was ist eigentlich einzigartig an den meisten Kindern und den meisten Heimstätten? Sind sie nicht vielmehr der offensichtlichste Beweis für den Triumph kollektiver Muster und Traditionen über die individualistischen Träume früherer Jahre? Kommt nicht oft eine unterbewußte und dennoch starke Animosität der Individuen gegen den schicksalsträchtigen Gehorsam gegenüber der gesellschaftlichen Normalität ans Tageslicht, eine Animosität, die sich in höchst subtiler, possessiver und immer rachsüchtiger Weise gegen die Kinder richtet oder in späteren Jahren als ein Aufflackern von unsozialen und selbst abnormalen Gefühlen auftritt?

Solche — unmittelbaren oder verzögerten — unterbewußten Reaktionen zu vermeiden, ist das größte Bedürfnis des Krebstypus. Und der Geist ist immer bereit, dieses lebensnotwendige Bedürfnis zu erfüllen, wenn nur die Schale bereit ist, das Niederströmen des Geistes zu empfangen. Für jedes Bedürfnis gibt es eine Erfüllung, für jede Art des Mangels eine bestimmte Art von Überfluß, die jeden Schatten dieses Mangels voll und ganz auflösen wird. Aber man muß daran glauben, daß das Wunder der Erfüllung möglich ist. Man darf nicht vor dem Eintritt der göttlichen Wohltätigkeit, dem Heranbrausen des Geistes zurückschrecken.

Wie alle anderen Bedürfnisse kann auch das des Krebstypus erfüllt werden. Und das geschieht dann, wenn die Angst vor der heimlich bedrohlichen Vorstellung ›sich in einem ungeheuer großen kollektiven Gebilde zu verlieren‹ in die Erkenntnis überführt wird, daß man durch das eigene individuelle Geburtsrecht einen Platz in einem solchen Gebilde einnimmt. Einen Platz in dem riesigen Organismus der Gesellschaft oder der Menschheit zu finden, heißt, daß man zugehörig ist, und wenn man sich zugehörig fühlt, so werden selbst die unbewußtesten Ängste und Widerstände verschwinden.

Das vor allem ist das Geschenk des Geistes an den Persönlichkeitstyp des Krebses, daß sie/er wissen kann, wo sie/

er hingehört. Und damit ist kein großes intellektuelles Wissen gemeint, sondern ein Wissen in den Wurzeln des Seins, in den Tiefen des Gefühls wie auch in den höchsten Höhen spiritueller Intuition. Was hier auf dem Spiel steht, ist noch nicht die tatsächliche Teilnahme an den jeweiligen Aktivitäten einer Gruppe, Gemeinschaft oder Nation, diese Erfahrung aktiver Teilnahme wird später kommen, selbst wenn es in dem Geschenk des Geistes an den Krebs bereits enthalten ist. In diesem Krebsstadium menschlicher Entwicklung braucht das Individuum das tiefe und durchgängige Gefühl der Zugehörigkeit wie auch die Erkenntnis, daß er in der Ökonomie der Gesellschaft und im Leben einer jeden Gruppe, die auf ihn einen Anspruch erhebt, einen ganz bestimmten Platz, eine ganz bestimmte Funktion innehat.

Diesen Platz muß er deutlich sehen. Er hat keine Angst mehr vor der Religion, wenn er einen Gebetsstuhl in der Kirche hat, in den sein Name eingekerbt ist; er wird sich nicht mehr gegen traditionelles Verhalten und soziale Aufgaben zur Wehr setzen, wenn er sich das, was man von ihm erwartet, an einer bestimmten Stelle dieses riesigen Gesellschaftsmusters vorstellen kann. Wenn jedoch die Ausdrucksformen dieser inneren Sicherheit fehlen, so klammert sich die Krebspersönlichkeit hartnäckig an ihren Individualismus, ihre alten Normen und an ihre persönlichen Besitztümer.

Das alles bedeutet, daß die vage Vorahnung, sich selbst in einer kollektiven Unermeßlichkeit zu verlieren, nur dann beschwichtigt werden kann, wenn sich diese Person in einer klar definierten Situation, Funktion oder Örtlichkeit verankern kann. Und das muß sie sich vorstellen können, sie muß sich ein Bild davon machen können. Deshalb muß sie die Fähigkeit entwickeln, Bilder zu schaffen, Bilder zu sehen. — Das ist die Grundlage für die übersinnlichen Fähigkeiten mancher Krebsmenschen. Wenn sie mit einer neuen Situation konfrontiert sind, so lernen sie, die Bedeutung dieser Situation als symbolisches Bild zu visualisieren. – Und darin bestehen ja die meisten Arten von Hellseherei und übersinnlicher Erkenntnis. Das Symbol zeigt, wohin die Situation ›gehört‹ – und wohin man selbst in ihr ›gehört‹. Es lokalisiert das Problem in bezug auf ein ganz bestimmtes Bündel von Werten und symbolischen Erfahrungen. Das Symbol ist das Geschenk des Geistes. Es ist eine Insel des Sinnes in dem weiten, unbekannten Ozean des kollektiven, universellen Lebens. Es hilft dem Menschen, seine Position und Orientierung zu überprüfen; es bildet die Grundlage für die frühe Sicherheit eines Menschen inmitten all der Ängste auf einer gefahrvollen Reise.

Das Heim ist eine solche Grundlage. Moralische Ehrbarkeit eine andere. Ein Arbeitsplan, eine Uhr, die die genaue Zeit ansagt, ein Wegweiser in der Wüste, auch diese Dinge verleihen ein Gefühl der ›Zugehörigkeit‹. Der Geist in seiner reichen Gnade und Freundlichkeit läßt solche ›Kennmarken‹ auf die menschlichen Reisenden herabregnen, die damit konfrontiert sind, daß ihre schwache Individualität in den Gezeiten weit geöffneter Räume ohne Grenzen und Namen gefangen ist. Menschen sterben vor Angst, wenn sie keinen Laut hören, wenn sie keine Gestalt sehen können, wenn die unendliche Dauer nicht durch das Pendel einer Uhr in zeitliche Muster gehämmert wird, wenn sie das Gefühl haben, daß ihr Ego in das Meer des Nirvana hinweggleitet. Sie müssen sich an Ort und Funktion, an Form und Name festhalten können. Und sie halten sich hartnäckig mit krebsartigen Scheren, den Symbolen des Tierkreiszeichens Krebs, daran fest. Sie halten sich fest, wie jeder Mensch sich an seine Leistung klammert, der sich vor dem geheimnisvollen Unbekannten fürchtet, in dem er seine eigene Position nicht erkennen kann... selbst wenn dieses Unbekannte vielleicht Gott ist.

Es ist in der Tat merkwürdig, wieviel Erfüllung uns menschlichen Wesen eine große Angst bringen kann — die Angst, daß wir auf gänzlich unvertraute Weise darüber hinauswachsen müssen. Lieber geben wir das Wachstum und die Entwicklung auf, als uns dem Geheimnis zu stellen, das uns noch keinen bestimmten Ort, noch keine bestimmte Nahrung offenbart. Sehr schmerzhaft, sehr erschreckend ist es für uns alle, unseren Weg nur durch den Glauben an unsere Göttlichkeit bestimmen zu lassen. Ist das aber nicht gerade der Beweis dafür, daß wir noch nicht empfinden, daß wir zu Gott ›gehören‹?

Wenn jeder von uns in den tiefsten Wurzeln seiner Existenz empfinden könnte: »In Gott bin ich, zu Gott gehöre ich durch alle Bedingungen und Umstände hindurch«, so wäre es leicht, der anstürmenden Brandung des Kollektiven zu begegnen. Dann würde diese Meeresflut nur das Versprechen bedeuten, an immer größeren und umfassenderen Gebilden kollektiven Seins teilzunehmen. Als Stadtbewohner würden wir wissen, daß wir einen Platz in der Metropole haben, als Bürger einer Nation würden wir wissen, daß es eine Funktion für unser nationales Existieren im Organismus der Menschheit auf diesem Planeten gibt, und als sterbliche Körper würden wir wissen, daß es unser Vorrecht ist, unseren Platz in der Gesellschaft unsterblicher Seelen einzunehmen, die sich für immer und ewig in ihrer bewußten Identität verwirklicht haben.

Es gäbe nichts, vor dem man Angst zu haben brauchte. Nie gibt es einen Grund für Angst oder Mangel. Der Geist ist immer zur Stelle, um das leere Herz und die reinen geöffneten Hände, die sich zu den Sternen erheben, mit reichem Überfluß zu füllen. Wir brauchen nur unser Herz und unsere Hände zu den Sternen zu erheben. Wir brauchen nur damit aufzuhören, Grenzen für unsere Erfüllung zu setzen, und aus Angst, die Flut könne sich in Ebbe verwandeln, die

Hoffnung aufzugeben. Unser Geist bewegt sich von Wellenkamm zu Wellenkamm und fühlt dennoch die tiefsten Täler und Abgründe. Im Geist sind Höhen und Tiefen eins. Es gibt nur Bewegung, Rhythmus und Harmonie in Ewigkeit.

Zur Zeit der Sommersonnwende steht die Sonne ›still‹, aber der Mensch braucht nicht stillzustehen. Es ist das ewige Schicksal des Menschen, durch alle Höhen und Tiefen, durch alle Wellenberge und Wellentäler mit dem Rhythmus und der kreativen Kraft des Geistes zu wandeln. Der Mensch ist Geist. Als Geist geht er immer und immer weiter. Sein Weg ist glorreich, denn es ist Gottes Weg, der durch Bewußtheit klar geworden und mit dem Duft edler Taten gewürzt ist.

Einfachheit

Zu allen Zeiten haben Menschen und Tiere, Bäume und Wolken ihre Loblieder auf die Sonne gesungen. Ihr huldigt die ganze Natur, denn ihre machtvolle Magie erhält alle atmenden Wesen am Leben, sie läßt das Wasser aufsteigen, sei es in den Blättern oder in den Wolken, sie blitzt und strahlt, sie ist die Quelle der Wärme und Spenderin des Lebens. In einer Myriade von Stimmen und Gesten, deren Vielfalt jede Vorstellungskraft übersteigt, stammelt jedes Geschöpf voller Ehrfurcht seine Liebe, um für das anbetungswürdige Geschenk des Lichtes und des Lebens zu danken.

Diesem Verhalten der Pflanzen geben wir den bezeichnenden Namen ›Heliotropismus‹. – Es ist das Verlangen der grünen Blätter nach dem Sonnenlicht. Wenn Menschen sich nach Osten wenden, um mit ihren Gebeten den täglich neuen Anfang der Sonne zu feiern, sprechen wir von ›andächtiger Hingabe‹. Und die durchdringenden Töne des Hahnes am Morgen, dessen Willkommensgrüße der Tierwelt den nahenden Tag ankündigen, sind bereits symbolisch geworden. Alles Leben steigt zur Sonne auf, erhebt Stämme, Schwingen, Arme und Hände – was immer sich bewegen und durch diese Bewegung Gott und dem Licht antworten kann. In den primitiven Formen des Lebens sind diese Gesten noch einfach, aber sobald entwickeltere Arten der Organisation und des Bewußtseins in Erscheinung treten, werden sie zunehmend komplexer. Und in der Menschheit schließlich finden wir einen überquellenden Reichtum an

Verhaltensweisen und tatsächlich ein Stimmenwirrwarr wie beim Turmbau von Babel, und jedes Verhalten, jedes dieser Worte will das beste sein, versucht, all die übrigen Geschöpfe davon zu überzeugen, daß ihm der Vorrang gebührt, denn es hat seine Inspiration ganz unmittelbar empfangen und ist deshalb die einzig mögliche Art der Verehrung.

Wenn Menschen in zunehmendem Maße ihr individuelles Bewußtsein entwickeln, so verwandelt sich der natürliche ›Heliotropismus‹ ihrer Seelen — die spontane Hingabe ihres Lebens an die Sonne — in das Verlangen nach einem höheren Niveau ihres inneren emotionalen und geistigen Seins. Der Jünger sucht nach der Identifikation mit dem strahlenden Wesen, zu dem sich seine Anbetung in aufbrausenden Gefühlswogen erhebt. Die Sonne erscheint ihm nicht nur als Schöpferin des Universums, sondern in einem viel treffenderen und ekstatischeren Sinn als die Quelle des Lebens, der Identität und des Selbstseins im innersten und persönlichsten Kern seines Wesens. Er selbst verwandelt sich, tritt unter die Götter. Er selbst strahlt das Sonnenwesen aus, und da er ohne irgendeinen Zweifel davon überzeugt ist, daß er wirklich und tatsächlich eine Sonne für all jene ist, die die Ekstase der Identifikation mit dem Sonnenwesen noch nicht zu erfahren vermögen, erwartet er schon bald, ja verlangt sogar von diesen anderen, daß sie sich ihm zuwenden, der verkörperten Sonne.

So begannen die Religionen. Menschen, die sich aus ihrem Inneren durch eine sonnenhafte Ekstase erleuchtet fühlten, forderten für sich das Vorrecht, angebetet zu werden — und wenn sie schon keine auf Erden verkörperten Sonnen waren, so waren sie doch zumindest die notwendigen Vermittler zwischen der Sonne und dem normalen Menschenwesen, zwischen dem Reich des blitzenden, schöpferischen Lichtes und dem der irdischen Geschöpfe, die mit ihrer ganzen materiellen Schwere fest und lichtundurchlässig waren. Die eine Sonne im Himmel wird zu der einen göttlichen Person, die zur Erde herabsteigt und in jenen erleuchteten Personen erscheint, die dann ›in Ihrem Namen‹ handeln. Wir haben eine ganze Reihe von Sonnenpriesterkönigen, jene mystische Erbfolge von Eingeweihten, die in bestimmten Zeitabständen ihre spirituelle Energie und das eine Sonnen-›Wort‹ einem erwählten Nachfolger übertragen.

Im natürlichen Prozeß der menschlichen Entwicklung verwirklicht sich das menschliche Ideal der göttlich-sonnenhaften Verwandlung auf zunehmend verschiedenen Ebenen. Es stimuliert den Machtdurst des Menschen und sein Verlangen, den Radius seiner selbst und die Reichweite seiner Autorität auf andere Menschen auszudehnen. Die erblichen Vorrechte von Königen und Priestern gewinnen aus ihm ihre Kraft. In allen Zeitaltern wurden diese Vorrechte von Individuen bestritten, die die magische Identifikation ihres innersten Selbst mit Gott oder mit der Sonne erfahren hatten und dadurch imstande waren, einige wenige oder auch viele an sich zu ziehen und sie auf diese Weise aus dem bindenden Schoß der organisierten Religion oder Herrschermacht herauszulösen.

Wenn Menschen ihre Handlungen in zunehmendem Maße durch den Intellekt und nicht mehr durch einfache Lebensinstinkte bestimmen lassen, so werden religiöse Offenbarungen zu ›Ideologien‹, und die naive Anbetungshaltung der Primitiven wird zu einem blinden intellektuell-emotionalen Gehorsam gegenüber Propaganda, Lösungen und Formeln. Heliotropismus wird zu ›Ideotropismus‹. Ideen beherrschen nun die Welt des Menschen. Aber es sind nicht die Ideen allein. Um zur Wirkung zu kommen, müssen diese Ideen den Springquell des menschlichen Lebens, der als Kraft der Gattung in gesellschaftlicher Form erscheint, berühren: die Instinkte, die Ur-Emotionen, die tiefen kollektiven Bilder einer Rasse, Kultur oder Zivilisation. Die Ideen müssen dramatisiert werden.

Auf das einfache Ritual natürlichen Lebens — das kosmische Wechselspiel von Tag und Nacht, Leben und Tod, Licht und Schatten — folgen die unendlich vielfältigen, komplexen und verwirrenden Dramen, die der menschlichen Vorstellungskraft entspringen. All die Dramen, die in Myriaden von Worten und Gesten in vielen Ländern und Sprachen ausgedrückt werden, haben dennoch nur eine einzige Wurzel in der schicksalshaften Tragik der Ehe von Licht und Schatten — und dies ist ein Gegensatzpaar, das überall dort existiert, wo die Strahlkraft der Sonne auf die Undurchlässigkeit materieller Gegenstände trifft.

Die Unvermeidbarkeit der Schatten ist die Bürde, die dem Sonnenlicht anhaftet. Sie ist auch die Bürde all jener göttlichen Personen, die sich mit der Sonnenquelle des Lichtes und Lebens identifiziert haben: auch sie müssen ebensoviel Schatten wie auch Erleuchtung in der Seele der Menschen erzeugen, sie müssen die Verantwortung für den Tod auf sich nehmen, noch während sie Leben verleihen, die Tragödie des Hasses, noch während sie Liebe schenken. Das Licht, das sie über das Ego eines Menschen oder die Kultur einer Rasse ausgießen, läßt einen Schatten im Unbewußten dieses Menschen oder dieser Rasse entstehen. Das Strahlen, das den Weg nach Morgen erleuchtet, erfüllt die Wege des Gestern mit Gespenstern und Ängsten, mit Zweifeln und Widerwillen.

Der Mensch kann nur voranschreiten, wenn er die Leere hinter sich ins Dunkel entläßt — es sei denn, er erreicht den Zustand der Transparenz, es sei denn, sein Geist und seine Seele werden verwandelt, werden zum Kristall, damit sich in ihm wie in einer Linse der Glanz der Sonne sammelt, die über allem Gestern leuchtete. Aber solange dieser Zustand nicht erreicht ist, müssen alle, die auch nur im geringsten ihr

Sonnenwesen verwirklichen wollen, verstehen, daß ihre Bemühungen unausweichlich einen Schatten in der Tiefe ihrer Seele erzeugen werden. Sie müssen darauf vorbereitet sein, sich mit diesem Schatten zu befassen. Ebenso wie der Adept der okkulten Tradition, der nach Einweihung strebt, sich auf die Begegnung mit dem ungeheuren ›Wächter der Schwelle‹ vorbereiten muß.

Vielleicht werden nur sehr wenige Menschen diese schreckliche Konfrontation erleben, dennoch müssen alle, die wirklich zu einem individualisierten Ego geworden sind, sich mit dem Schatten auseinandersetzen, der durch das Strahlen ihrer sonnenhaften Identität in ihrem Unterbewußten geworfen wurde. Wenn dies nicht stattfindet, so wird das betreffende Individuum diesen Schatten nahezu unausweichlich auf eine andere Person projizieren, die auf irgendeine Weise zu einer passenden Leinwand für die Reflexion des Schattenbildes geworden ist. Alle psychologischen Wachstumsprozesse sind zu irgendeiner Zeit durch solche Projektionen gekennzeichnet. Das Leben tritt über den Tod, um sich vorwärts zu bewegen. Jede große Liebe speist sich aus der Substanz der überwältigten Gespenster. Das ist das ewige Drama des Lichtes, des Lebens, der Macht und der Liebe. Mit Weißglut kann ein solches Drama immer dort erlebt werden, wo ein Individuum mit den charakteristischen Merkmalen des Tierkreiszeichens Löwe in Aktion tritt. Erregt durch die Intensität dieses Gefühls von Licht und Schatten und gleichzeitig unfähig, den Schatten in seinem eigenen Inneren wahrzunehmen und den Zustand eines transparenten (lichtdurchlässigen) Selbst zu erreichen, schreitet die Löwepersönlichkeit mit großem Pathos über die Bühne der Welt und erfüllt empfängliche Seelen mit der Projektion ihres Schattens. Auf diese Weise belastet sie viele der begierigsten Empfänger seines Lichtes mit seinen eigenen dunklen Bildern. Er errichtet Tempel für die Sonne, aber die Bergleute werden zu Sklaven gemacht und sterben in armseliger Knechtschaft. Zur Hälfte ruhmvoll grandios, zur Hälfte versklavt und hörig, je tiefer die Bedrückung, desto mehr Glanz in den Traumpalästen — so sieht die Löwewelt zunächst aus. Um die Versklavten in willfähriger Unterwerfung und in der Dunkelheit blinder Anbetung zu halten, muß der Löweautokrat — der Hohepriester oder König — ein grandioses Drama nach dem anderen auf die Bühne bringen, eine strahlende Phantasie nach der anderen herbeirufen. Er erfüllt seine Welt mit Gesten und Schlagwörtern, mit heroischen Taten und Betrug an der Wahrheit, mit lärmenden Triumphen und schrillem Kriegsgeschrei. Seine Kreuzzüge für die Sonne schreiten über die aufgehäuften Leichen seiner hingeopferten Anhänger voran.

Welch größeres Geschenk könnte der Geist einem solchen Charakter verleihen als Einfachheit? Welch wundersameren Segen könnte es für ein Herz geben das, von Macht durchpulst, Mitgefühl noch nicht kennengelernt hat, wenn nicht Stille? Was könnte der Geist einem Bewußtsein bieten, für das alle Äußerungen und Begriffe nur durch ihre beeindruckende und dramatische Wirkung Geltung erlangen, wenn nicht das Geschenk der Wahrheit?

Der Welt mit Demut und der Ruhe des Herzens zu begegnen, heißt, daß man jeder Seele mit Gaben ohne Schatten begegnet. Das Wesen des Dramas ist Kompliziertheit, das Verhängnis der Heldenhaftigkeit liegt in der Notwendigkeit, einen Feind zu überwältigen. Der Held gedeiht durch Tragödien. Wie könnte es ohne Tragödien heroische Taten geben? Deshalb sieht sich der ruhmvolle Sonnenherrscher gezwungen, Kriege zu führen. Irgendein Volk, irgendeine Gruppe, irgendein Individuum muß dunkel und böse sein, damit der große Führer seinen Heldenmut beweisen kann, indem er den Feind überwältigt. Das trifft auch für den Bereich des Bewußtseins und der Ideen zu. Es muß Heiden geben, die zum ewigen Schatten der Hölle verdammt werden, wenn der ›Mann Gottes‹ seine Inspiration und seinen von Gott energetisch geladenen Glauben darstellen soll, indem er entweder die Unerleuchteten bekehrt oder aus ihren Händen den Märtyrertod empfängt.

Und wie man es auch drehen und wenden mag: Was wäre Jesus ohne einen Judas gewesen, der ihm die Möglichkeit gab, den Tod zu überwinden und die Schriften zu erfüllen, um auf diese Weise seine Göttlichkeit zu beweisen? Das ist das Geheimnis des Geistes in seiner Wirkung, nämlich, daß es keine aus dem Geist geborene Tat gibt, die nicht einem Bedürfnis entspricht, und keine Verkörperung des Geistes, die nicht das Ziel erfüllt, lichtundurchlässige Gegenstände oder dichte Egos, die mit der Schicksalshaftigkeit des Schattens unauflöslich verbunden sind, zu erleuchten. Der Mensch muß sündigen, wenn Gott seine Göttlichkeit beweisen soll, indem er ihn durch das Opfer seines Sohnes erlöst.

Das ist wirklich ein ›dunkles Wort‹, das zahllose Geister in Verwirrung versetzt hat. Auch theosophische Bücher sprechen von der ›Trägheit des Geistes‹ und vom merkwürdigen Schicksal jener ›Söhne Luzifers‹ − Söhne des Geistes −, deren Aufgabe bei der Morgendämmerung wirklich menschlicher Entwicklung darin besteht, sich dem Geist zu widersetzen, um ihn auf diese Weise zur Verwirklichung zu zwingen. Diese Wesen sind die ewigen Rebellen, die die Menschheit dazu zwingen, ihre Mängel und Bedürfnisse wahrzunehmen und, wenn dies einmal geschehen ist, Gott um ein Wesen zu bitten, das diese Bedürfnisse erfüllen kann. Diese Rebellen sind die Dramatiker des Universums, sie spielen viele Rollen, um das schläfrige Leben in der menschlichen Natur zu erwecken. Sie sind es, die die Menschen ›rühren und erschüttern‹; sie bringen die Tragödien, indem sie sie rücksichtslos aufwecken. Sie dynamisieren das Statische, sie befruchten den Boden mit Blitzen und mit Frühlingsstrahlen, die die Schalen der Samen zerreißen und auf diese Weise das darin schlummernde Leben freisetzen. Ihr Eindringen ist tragisch, unausweichlich mit den Schatten verbunden.

Aber zu diesen ›Erstgeborenen‹ des universellen Gottes muß irgendwann einmal zu guter Letzt ein Gesang des Friedens kommen. Sie, die ewige Dramen des Lichtes und der Finsternis durchlebt haben, die eine Vielzahl von Formen angenommen haben, um die verschlossenen Tore der Körper und Egos zu durchdringen, die sich in den Phantasmagorien der Nacht und den Schauspielen der Größe verschwenderisch verausgabt haben, müssen irgendwann einmal die Ruhe des Herzens erlangen, jenes Ausruhen in der Wahrheit, jene Einfachheit der Tat, die sie verwandelt und besänftigt.

Sei still, mein Herz!
Sei still — und erfahre Gott.

Das ist das ergreifende Lied der Luzifere, der Lichtträger, der Strahlenden und Vibrierenden, die keine Ruhe kennen — von Ewigkeit zu Ewigkeit. Ruhig sein — einfach sein. Was könnte ›Demut‹ anderes sein, als die Überwindung der Dualität und des Dramas? Einfach, demütig sein heißt, nur ein Wesen zu haben. Es heißt, immer nur das zu sein, was man ist. Und das wiederum bedeutet ›Wahrheit‹, denn ›wahrhaftig‹ und ›rein‹ zu sein, heißt, daß man einzig und allein und vollständig das ist, was man ist, ohne irgendeine Abweichung, Beimischung und auch ohne Widerstreit. Es bedeutet, daß man vollkommen in Einheit aufgelöst ist — und das ist Friede.

Sei still, mein Herz!
Sei still — und erfahre Gott.

Die Kraft der Sonne umarmt die Erde in ihrem Licht. Und dadurch geraten alle Dinge auf Erden zum Leben und Sterben, zur Liebe und dem Glanz der Liebe, zum Wachstum und der Verschwendung des Samens. Gefühl, Dynamik, Leidenschaft, Größe und Böses erheben sich in all ihrem Reichtum aus der Ehe zwischen Sonne und Erdboden. Aber es kommt die Zeit, zu der sich der Bogen ihrer Reise schließlich zum Horizont neigt, und während das Licht im Faltenwurf des westlichen Himmels verschwindet, gehen die Sterne im Osten auf. Mit der sanften Dunkelheit der Nacht kommt Stille auf die Erde herab. Die Seele des Menschen, die nun aus den Dramen des Lichts entlassen ist, öffnet sich für den Frieden und den Glanz des sternenübersäten Himmels.

Wenn ein Mensch der Sonne mit Einfachheit und Wahrheit begegnen kann, so kann er diesen gesegneten Frieden zu jeder beliebigen Zeit erleben. Mit dem zufrieden, was er ist, aufrecht und wahrhaftig bei seinem Werk auf diesen irdischen Gefilden, kann das sonnenerleuchtete Individuum die Stille der Sterne selbst dann erleben, wenn die Sonne seiner Kreativität im Zenit steht. In äußerster Transparenz seines Geistes und seiner Seele läßt er das Licht durch sich hindurchgleiten, gibt er ohne Schatten und ist somit tatsächlich eine Linse für die Strahlen der Sonne. Sein Weg ist Licht, und seine Worte sind wahr.

In seinen Augen dehnt sich der Raum in wundersamer Stille unendlich aus. Menschen, die es wagen, ihm in die Augen zu sehen, sehen sich selbst inmitten der Sterne. Sie treten durch das Tor ins Innere ein. In Ehrerbietung, Demut und Frieden werden sie selbst zu Licht. Und der Rhythmus des Lebens skandiert sanft das Schweigen in ihnen… still… oh, so still!

Toleranz

Der Geist bringt jedem Menschen das Geschenk, welches das für ihn charakteristischste Bedürfnis befriedigt, denn der Geist füllt alle leeren Gefäße mit dem Strahlen der Erfüllung. Jedes Gefäß — jeder Typus des menschlichen Seins — verlangt aus seiner tiefsten Tiefe nach der einen unschätzbaren Substanz, die seinen Durst wie lebendiges Wasser stillen kann. Dennoch schätzen viele Menschen ihr innerstes Bedürfnis falsch ein. Sie leben an ihrer Oberfläche, nicht in ihrer Tiefe. Ihr Bewußtsein wird vom ornamentalen Beiwerk ihrer Kultur und Tradition bestimmt, die ihnen Worte und Symbole als Ausdrucksmittel gegeben hat. Sie wagen es nicht, in die aufgewühlten Wogen des Selbstseins einzutauchen, selbst nicht in der Ruhe des Gefäßes, das ihrem fundamentalen Wesen Form verleiht.

Dies geschieht ganz besonders im Fall des Jungfrautypus, denn bei diesem Typus ist die Substanz bewußten Selbstseins in einem ›kritischen Zustand‹ — einem Zustand wie zwischen Eis und flüssigem Wasser, wenn die Festigkeit zögernd in das Unbekannte übergeht, das Statische in das Dynamische, das Starre in das Vielgestaltige. Das Sternbild Jungfrau kennzeichnet jenes Stadium der Metamorphose, in dem das bewußte Ich die Wirkung einer Welt vollkommener Bezogenheit und Teilnahme in einem größeren Ganzen verspürt, in der es nur eines unter vielen Teilen ist.

Jungfraupersonen empfinden diese Wirkung und weichen verwirrt oder furchtsam in Angst oder Schmerz zurück. Da sie in ihrer Tiefe durch mysteriöse Umstürze erschüttert sind, versuchen sie zu erklären, zu formulieren, zu kritisieren, sich zu entwinden, viele und seltsame Ersatzhaltungen zu erfinden, oder sich exotischen Göttern hinzugeben. Sie setzen alle möglichen Mittel ein, um ihre Route beizubehalten, sie denken, sie beurteilen — und dabei bestünde das einzig Wichtige darin, still zu sein und dem Druck der Evolution standzuhalten, die Unausweichlichkeit der Metamorphose schweigend zu tragen.

Indem das Ego eine überspannte und übereifrige Art der geistigen Aktivität aufrechterhält, schafft es sich die Illusion, daß seine Kraft noch immer unvermindert ist. Es beruhigt sich über seine eigene Stabilität. Wenn es diesen oder jenen Zustand kritisiert, ist das denn kein Beweis dafür, daß es über den Dingen steht? Wenn es neue Techniken und neue Wege auf fernen und schwierigen Pilgerschaften erfindet, ist dies denn nicht ein Zeugnis für seine Fähigkeit, mit neuen Situationen fertig zu werden und seine Kontrolle über die Umstände zu behalten?

So ein Verhalten zeigt, daß das Ego tatsächlich neue Arten der Anpassung an bestimmte Erfahrungen gelernt hat und zu lernen bereit ist. Und dennoch sind all diese Versuche noch immer vom Ego kontrolliert. Sie beziehen sich noch immer auf die oberen Schichten des Seins, auf den Hals des Gefäßes und nicht auf die Tiefe seines Umfangs. Sie hinterfragen nicht den wesentlichen Faktor: die Qualität des Ego selbst, den Wert und Sinn seiner Autorität oder seiner Vorrechte. Sie sind wie Reformen, die ein autokratischer König, der sich für einen Herrscher laut ›göttlichem Recht‹ hält, seinen nunmehr erwachten und aufständischen Untertanen gewährt. Sie versuchen nur zu transformieren, ohne aber zu trans-substanzieren. Sie bieten Beruhigungsmittel anstatt einer Therapie. Sie befriedigen die Mutationen des Schicksals, die wie eine Gezeitenwoge hereinbrausen, mit neuen Geräten, neuen Techniken, neuen Formen der Anbetung oder Verhaltensregeln. Und deshalb sind sie im Grunde ein Werkzeug des Widerstandes gegen die Schicksalshaftigkeit der Metamorphose. Durch diese Bemühungen versucht das Ego wie fiebrig und vollkommen bewußtlos, die anstehende evolutionäre Veränderung zu blockieren, das Unausweichliche zu verzögern. Es drängt das Leben oder Gott zurück, indem es biologische Prozeduren oder neue Götter erfindet.

Bedeutet dies aber, daß das Ego abdanken und auf seine Herrschaft verzichten sollte, daß es zulassen sollte, daß die amorphen Kräfte des Unbewußten sich ihren Weg zur Oberfläche bahnen und alle Strukturen seiner Herrschaft hinwegspülen? In manchen Fällen sind solche revolutionären Umwälzungen unvermeidlich. Man sollte sie aber nicht für die ideale Lösung halten, denn sie schaffen tendenziell ein Vakuum, in das die reaktionären Kräfte, die mit aller Heftigkeit gegen die Ziele des Lebens kämpfen, hineinbrausen. Während der Krisen, die das Sternbild Jungfrau symbolisiert, bedarf es eher der ›Transfiguration‹ als der ›Transformation‹. Die Substanz des Bewußtseins und der Identität muß erneuert werden, und mit dieser Erneuerung geht notwendigerweise auch eine Neuformulierung des Lebenszieles einher, und verleiht ihm seine Grundierung.

Die Strukturen des Ego können erhalten bleiben, aber der Sinn dieser Strukturen, wie auch das Ego selbst, muß erneuert werden. Die dunklen und schweren Inhalte des Bewußtseins müssen glitzernd und hell werden. In derselben Weise können sich auch soziale Mechanismen (von Universitäten bis zu Fabriken) der Krise widersetzen, die sich bei einer Zivilisation in einem bestimmten Stadium ihrer Entwicklung einstellt. Aber das Ziel, dem sie dienen, und der Gebrauch, der von ihnen in der umfassenden Ökonomie dieser Gesellschaft gemacht wird, sollte voll und ganz verändert werden.

Auch wenn die führende Elite in solchen Zeiten nicht der ›Säuberung‹ durch Revolutionen erliegt, so sollten ihre Tätigkeiten dennoch einen neuen Sinn und Zweck erhalten. Eigentum zum Nutzen des Eigentümers sollte sich in Verwaltung zugunsten der Gemeinschaft verwandeln — genauso wie die selbstsüchtige und eifersüchtige Haltung des Ego schließlich in dem mitfühlenden und allumfassenden Verständnis des Selbst aufgehen muß.

Diese Veränderung hängt jedoch nicht von der Erfindung neuer Techniken oder neuer Religionsformen ab. Sie stellt sich nur dann ein, wenn die Substanz des Bewußtseins selbst verändert wird. Sie findet durch verallgemeinerte und dauerhafte neue Erfahrungen statt, durch das offenherzige Akzeptieren neuer Beziehungen, durch die Auseinandersetzung mit neuen Tatsachen des Lebens, aus denen visionäre und intelligente Menschen neue Symbole und Mythen erschaffen können. Neue Techniken und neue Maschinen können zwar neue Erfahrungen erzeugen und die Lebensbedingungen verändern, sie können träge Geister dazu zwingen, sich mit neuen Erfahrungen anzufreunden, aber die modernen Instrumente des ›Fortschrittes‹ sind nur Mittel zum Zweck. Und diese Mittel können ohne weiteres vom Ego oder den selbstsüchtigen Führern einer Gesellschaft eingesetzt werden, um ihre Macht noch bösartiger und schrecklicher werden zu lassen. Auf diese Weise richten sich diese Werkzeuge zumindest zeitweise gegen das Ziel, das sie überhaupt erst entstehen ließ.

Ob wir von Faschismus oder der leidenschaftlichen Rebellion des Ego gegen seine Verwandlung in das mitfühlende und umfassende Selbst sprechen, immer meinen wir ein und dieselbe negative Haltung angesichts einer Krise, die den Wendepunkt in der Evolution der Menschheit oder einer individuellen Person ausmacht. In diesem Jahrhundert sind wir Zeugen des Bürgerkriegs zwischen den Menschen —

und dementsprechend kann kein Individuum wirkliche Reife erlangen, bevor er oder sie nicht in seinem oder ihrem totalen Sein einen solchen ›Bürgerkrieg‹ erlebt hat. Die Geschichte und die Psychologie weisen auf dieselben Tatsachen hin, und genauso wie die alten Hindu-Weisen die Ereignisse des mehrere Jahrtausende zurückliegenden ›Großen Krieges‹ (Mahabharata) verwendeten, um die spirituelle Krise eines individuellen Menschen darzustellen, der es wagt, die Evolution der menschlichen Rasse in seiner eigenen Person zu fokussieren, werden vielleicht eines Tages inspirierte Denker ihren Zeitgenossen die verschiedenen kolossalen Schlachten unserer Tage als mächtige Symbole der individuellen Krise vorstellen, die bloße Menschen zu Aspiranten der Göttlichkeit macht.

In dem Großen Krieg der Hindus und seinem Höhepunkt, der Schlacht von Kurukshetra, erfolgte die Zerstörung der Kriegerkaste in Indien, die sich davon jahrhundertelang nicht mehr erholte, und das Ergebnis war der Beginn eines großen Zeitalters der Philosophie, das Jahrhunderte später mit der Ankunft Buddhas seinen Höhepunkt erreichte. Wollen wir darauf vertrauen, daß auch unsere großen Weltkriege zu einem Zeitalter des Friedens führen, in dem die Menschheit auf lange Sicht die Herausforderung einer globalen Reife schöpferisch und freudig versteht.

Damit dies geschehen kann, muß die Menschheit den umfassenden evolutionären Anliegen dieser Zeit und der Zeit danach unverwandt ins Auge blicken. Und vor allem müssen unsere Generationen den Glauben an die Illusion aufgeben, daß unsere vergangenen Kriege nur zwischen Nationen stattfanden; denn dieser Irrtum ist die große psychologische Flucht unseres Zeitalters, die tragische historische Täuschung, die die ganze Kraft aufsaugen könnte, die für den Aufstieg der Menschheit zu einem neuen Stadium weltweiter Evolution notwendig wäre. Diese Täuschung beruht auf der Ketzerei nationaler Souveränität und auf der Weigerung einzusehen, wie notwendig die Verwandlung der Substanz der sozialen Beziehungen überall ist. Nationalismus entspricht Egoismus. Beide können als integrale Teile einer zukünftigen Zivilisation nur dann fortbestehen, wenn sie gründlich transsubstanziert und mit vollem Bewußtsein und Willen erneuert werden.

Das ist unsere Krise. Das ist die Herausforderung, die das Sternbild Jungfrau an uns stellt. Es ist unsere Notlage, und darauf reagiert der Geist mit einem Wort großer Tiefe, das aber nur selten verstanden wird, nämlich: Toleranz.

Wenn heute jemand von Toleranz spricht, so denken seine Zuhörer wahrscheinlich an eine Geistes- oder Gefühlshaltung, die im Gegensatz zu scharfer Kritik oder Fanatismus steht. Die Meinungen, Gefühle oder Gewohnheiten anderer Menschen zu tolerieren, heißt tatsächlich, jedem Menschen das Recht zuzugestehen, so zu leben und zu denken, wie er es für richtig hält. Aber wirkliche Toleranz geht viel tiefer als eine solche Haltung des ›Leben-und-leben-lassens‹, die oft einhergeht mit Bequemlichkeit und egoistischer Gleichgültigkeit gegenüber allem außer der eigenen Wahrheit.

Toleranz ist nicht das Fehlen von Intoleranz. Es ist nicht der bloße Verzicht darauf, an dem, was andere denken, fühlen oder tun, einen Fehler zu finden. Etymologisch bedeutet es ›tragen‹. Was tragen? – Die Bürde der Notwendigkeit von Verwandlung und Wachstum. Tolerant sein heißt, die Verantwortlichkeit einer unablässigen Suche nach weiterem Wissen, weniger eingeengten Gefühlen und einem angepaßteren Verhalten zu tragen. Es bedeutet, bereit zu sein und ohne Umschweife und offenen Herzens aufstehen zu können, wenn Gott an die Tür klopft und das Individuum – oder die Nation – zu ihrem höheren Schicksal ruft. Es ist die Fähigkeit, dadurch zu wachsen, daß man immer umfassender wird.

Toleranz ist keine negative Tugend. Es ist eine positive und bewußte Haltung, die sich viel mehr auf das eigene Selbst und die eigenen Glaubensvorstellungen bezieht als auf irgendeine andere Person oder Meinung. Mit dem Sternbild Jungfrau geht der Halbkreis des Zodiak zu Ende, der mit dem Widder begann. Das Geschenk des Geistes an den Handlungstypus des Widders ist die ›Anpassungsfähigkeit‹. Aber in diesem Anfangsstadium der menschlichen Reaktion auf das Leben wird die Anpassungsfähigkeit im wesentlichen auf der instinktiven oder wenigstens der Handlungsebene wirksam. Im Stadium der Jungfrau aber sollte diese Fähigkeit zu der deutlichen Erkenntnis werden, daß keine Wahrheit vollständig oder auch nur möglich ist, wenn sie nicht auch ihr Gegenteil einschließt − und alles was dazwischen liegt! Nur diese Erkenntnis kann die Grundlage für wahre Toleranz sein. Toleranz ist die Bereitschaft, all die Qualen anzunehmen, die unvermeidbar dann entstehen, wenn man alle Gegenteile akzeptiert. Das aber ist das notwendige Vorspiel zu Integration und ›Einschließlichkeit‹. Es ist der dynamische Kern bewußten menschlichen Wachstums, der Weg zur Göttlichkeit.

Toleranz, Mitgefühl und Nächstenliebe sind die drei großen Tugenden, deren Gaben den Weg einer Jungfrauperson, und in höherem oder geringerem Maße eines jeden menschlichen Wesens, segnen. Toleranz bezieht sich mehr auf den Verstand, Mitgefühl mehr auf das Herz, Nächstenliebe mehr auf den Handlungsbereich, und dennoch sind alle drei Manifestationen ein und derselben tiefen Wurzel, der Bereitschaft zu wachsen, indem man immer zahlreichere und mannigfaltigere Aspekte der Wahrheit, Liebe und Opferbereitschaft erfährt und sich aneignet.

Wer intolerant ist, kann seine Intelligenz und Erkenntnis nicht ausdehnen. Ein Mensch, dem es an Mitgefühl fehlt, hat ständig den spirituellen Tod vor Augen, einen Tod, der aus einem verengten Herzen rührt. Wer seine sklavische Bindung an die Vergangenheit nicht opfert und hinter sich läßt, um sich der Zukunft zuzuwenden, kann niemals das ganze Profil seiner innersten Göttlichkeit erreichen.

Diese drei großen Tugenden segnen den Weg des Jungfrautypus, weil sie auf diesem Weg besonders nötig sind. Denn inmitten von Krisen und persönlicher Neuorientierung ist es so leicht, sich auf die vorhandenen Kleinigkeiten zu konzentrieren, auf Kosten einer klaren Wahrnehmung des Sinns, den die Krise einer Person offenbaren kann, die sie ohne Widerstand, Rebellion oder Angst annimmt. Die Hindernisse für das Wachstum werden so nur vergrößert. Die Beschäftigung des Jungfrautypus mit Details seiner Arbeit, mit Techniken, Gesundheit und Hygiene, mit analytischer Vivisektion seiner selbst und anderer Menschen ist im Grunde nur die Sammlung aller negativen Werte einer Krise. All diese traditionellen Merkmale des Jungfrautypus sollen mit aller Deutlichkeit als das genommen werden, was sie sind: Beruhigungsmittel und Ersatz für die eine große Anstrengung, um die es wirklich geht. Nietzsche hat einmal das paradoxe Wesen dieser Bemühung dunkel ausgedrückt, als er von der Notwendigkeit sprach, ›über den eigenen Schatten zu springen‹. Man könnte es auch noch anders ausdrücken: Wasser aus einem Glas zu trinken, und dabei das Glas selbst mit dem Wasser zu verschlucken. Diese beiden Bilder besagen eigentlich, daß die große Krise des persönlichen Wachstums, die mit dem Sternbild Jungfrau ansteht, nicht nur eine Veränderung in den Inhalten des Körpers oder Egos impliziert, sondern auch einen vollkommen neuen Umgang mit dem Gefäß selber. Es genügt nicht, den Körper oder das Ego zu reinigen, vielmehr geht es darum, den von innen geworfenen Schatten aufzusaugen, zu ›überspringen‹, und auf diese Weise aufzulösen oder zu zerstreuen. Das ist das große Problem zu dessen Lösung die

Krise der persönlichen Metamorphose eingesetzt werden sollte. In gleicher Weise sollte das spirituelle Bewußtsein des gereiften Individuums nicht nur die Energien (das ›Wasser‹) des Ego erleuchten und in sich aufnehmen, sondern auch das Ego selbst (das ›Glas‹, welches das Wasser enthält). Dieser geheimnisvolle und verwirrende Vorgang liegt allen geringeren Bemühungen zugrunde, die die Jungfrauphase der menschlichen Evolution charakterisieren. Es ist das ›große Werk‹ der wirklichen Alchimisten. Menschen, die zu guter Letzt diesen Schritt in ihrer Entwicklung erreicht haben, weichen oft zurück, sei es aus Furcht oder mangelndem Verständnis. Sie suchen nach Lehrern und ›Meistern‹, die dieses quälende Geheimnis für sie enthüllen sollen. Sie durchforschen alle Einzelheiten ihrer Vergangenheit, analysieren ihre Gefühle und streben nach ›aufgeschobenen Reaktionen‹ — und alles das in der leeren Hoffnung, daß sie irgendwie auf irgendeine Weise einen magischen Schlüssel finden oder erhalten. Sie suchen überall. Sie blicken in alle Richtungen, nur nicht in die eine: die Richtung ihres Schattens. Der Weg zur Göttlichkeit geht durch den eigenen Schatten. Der Weg zur Aneignung aller Wahrheit besteht in der ›Einschmelzung‹ des Ego, das alle Wahrheit zu wissen begehrt.

Worte können nicht mehr sagen. Die Krise muß im Leben überwunden werden. Die Rose blüht immerfort in der Mitte des Kreuzes. Gott ist dort, wo das Göttliche im Menschen diesen Menschen — und seinen Schatten — absorbiert hat.

Gelassenheit

Alle Zeichen des Tierkreises sind im Gleichgewicht um die Achse der Tagundnachtgleichen angeordnet, die das Zeichen Widder mit dem Zeichen Waage verbindet. Und alle die Geschenke, die der Geist einem Individuum verleihen kann, das als Individuum an dem ungeheuren Ritual kosmischer Aktivität teilnehmen will, drehen sich um zwei wertvolle Tugenden: Anpassungsfähigkeit und Leichtigkeit. Diese beiden sind die wesentlichen Merkmale einer Person, in der der Geist wirkt und sie strahlen in ›Geschenkwellen‹ des Lichtes von dieser Person aus. Was für den Novizen des spirituellen Lebens die ›Anpassungsfähigkeit‹ ist, das ist ›Gelassenheit‹ für den Menschen, der bereits durch Erfahrungen gereift und deshalb bereit ist, sich und sein Werk unter Gleichrangigen zur Geltung zu bringen.

Wenn das Individuum am Anfang des Weges mit den Anforderungen konfrontiert ist, die sein Entschluß, aus dem Schoß des Kollektiven aufzutauchen und aus seinem eigenen Zentrum zu handeln, notwendig nach sich zieht, besteht das größte Bedürfnis in der Anpassungsfähigkeit. Dieser Mensch muß als erstes überhaupt überleben − er darf sich und sein innerstes Ziel nicht den Kräften der kollektiven Menschheit ausliefern, die jedes Individuum auf das Mittelmaß und auf das Unbewußte zu reduzieren suchen. Andererseits darf er aber auch nicht mit ungeduldigem Eifer und der Egozentrik des Heranwachsenden gegen die Verteidigungsmechanismen in der Tiefe der Gesellschaft *sturm-*

laufen. Er muß lernen, sich an die umfassenden Bedürfnisse seiner Zeit anzupassen, sein Ziel zu tarnen und seinen Willen in geschmeidigen Stahl zu hämmern.

Wenn er dann die Hälfte der Reise um sich selbst — und seine Welt — zurückgelegt hat, so hat er viele Lektionen gelernt. Auf seine immer neuen und anderen Bedürfnisse hat der Geist mit verschiedenen und wundersamen Gaben geantwortet. Nun ist er bereits ziemlich selbstsicher geworden. Aber was ist nun mit den anderen Menschen? Bis zu diesem Zeitpunkt hatte er sie eher als Gefahr auf dem Weg, als Material der Eroberung und Überwältigung gesehen. In der Begegnung mit ihnen war er vor allem seinem eigenen objektivierten Wesen, dem menschlichen Wesen, begegnet. Die letzte Lektion die er gelernt hat, war die der Toleranz: Die Erkenntnis, daß totales Wachstum im eigenen Selbst nur bedeutet, die Grenzen und die Starre egozentrierter Urteile aufzugeben und all das willkommen zu heißen, was zwar anders, aber assimilierbar ist. Doch ›Einschließlichkeit‹ ist eine große Anstrengung für Geist und Gefühl. Mit gleichrangigen Individuen zusammenzutreffen, mit menschlichen Wesen also, die genauso den Anspruch erheben, als Individuen aus dem Schoß des Kollektiven emporgestiegen zu sein (ihnen zu begegnen, und trotz oberflächlicher Unterschiede auf ein gemeinsames Ziel hinzuarbeiten), bringt in der Tat ernste Schwierigkeiten mit sich. Die Selbstsicherheit des jungen Individuums kann sehr schnell dahinschwinden, wenn es sich voll und ganz der Tatsache stellt, daß Gesellschaft nicht nur etwas ist, von dem man nehmen kann, sondern in ihrer höheren Form eine Art der Kooperation und Teilnahme, ein Geben und Nehmen in gegenseitiger Bezogenheit.

Es mag schwierig sein, fremdartige Vorstellungen zu integrieren, aber umfassende Beziehungen mit Menschen, die einem fremd sind, sind noch schwieriger. Der Delegierte eines internationalen Kongresses ist vielleicht sein ganzes

Leben lang sehr tolerant gewesen, was die Besonderheiten des asiatischen Denkens betrifft, und doch kann es ihm passieren, daß er in Verwirrung gerät, wenn er mit einem Mann aus Tibet ohne eine europäische Erziehung diskutiert und vielleicht sogar zusammenleben muß. Wieviel mehr trifft das noch auf intelligente und sensible junge Menschen, Mann und Frau, zu, die üblicherweise ohne entsprechende Vorbereitung mit den persönlichen Problemen des gemeinsamen Lebens konfrontiert sind, Problemen einer Zusammenarbeit in unablässigem Austausch? Könnten sie vom Geist irgendeinen größeren Segen erbitten als das Geschenk der ›Gelassenheit‹?

Dieses kleine Wort ›Gelassenheit‹ enthält eine ungeheure Bedeutungstiefe. Wie im Falle der ›Toleranz‹ betonen die meisten Definitionen dieses Begriffes vor allem die negative Bedeutung. Aber Gelassenheit ist nicht nur Freiheit von Aufregung, Beengung, Niedergeschlagenheit, Spannung oder Angst. Sie ist nicht einmal nur eine Form von Ruhe oder Bequemlichkeit oder auch von der Geschicklichkeit beim Vollzug dieser oder jener Handlung. Sie ist alles zusammen. Aber was noch wichtiger ist, ist die Erkenntnis, daß gemeinsames Handeln mehr ist als nur Handeln, daß das Ganze mehr ist als die paar Teile und die Summe der Teile. Es ist das Gefühl, daß man von einem umfassenderen Leben gelebt wird, das alle Komponenten einer Situation oder einer Beziehung, an der man teilhat, umfängt oder enthält.

Der Mystiker, der die Einheit mit seinem Gott sucht, erkennt schließlich die wundersame Tatsache: ›Gott lebt mich‹. Gott, die Ganzheit des Ganzen, wirkt in allen Teilen, und der Mystiker ist der Welt gegenüber gelassen, denn indem er ihr begegnet, begegnet er in ihr Gott. Gott läßt diese Begegnung geschehen. Wenn wir beide, du und ich, im Innersten erkennen und nicht nur intellektuell denken, daß wir beide funktionierende Teile eines Ganzen sind, in dessen

Ganzheit wir uns eins fühlen, wie könnte zwischen uns ein Mangel an Gelassenheit sein? Was in uns wirkt, ist nicht mehr ich oder du, sondern das geschaffene und schöpferische Wir, und letztendlich Mensch oder Gott. Und dies trifft auf jede erdenkliche Situation zu.

Wenn ich bei einem Weltkongreß der Delegierte Frankreichs, und Sie der Englands sind, und wenn wir uns treffen, um über die zukünftige Welt zu beraten, die wir schaffen wollen, nicht aber über unsere Vergangenheit, die wir vergessen sollten, so wird zwischen uns Gelassenheit herrschen. Gelassenheit ist die Abwesenheit der Gespenster von gestern und die vollkommene Identifikation mit einem umfassenden Morgen. Gelassenheit ist die Weigerung, mich von den Dingen beherrschen zu lassen, die ich nicht weiß oder nicht getan habe. Sie enthält auch die Überzeugung, daß eine Situation, in der ich zu handeln habe, mich wie auch die entsprechende Handlung einschließt und sich schließlich selbst durch mein Handeln erfüllt, sofern ›ich‹ mich nicht einmische, jenes ›ich‹, das von Gespenstern erfüllt ist.

Gelassenheit ist ein Ausdruck davon, daß Beziehung und Bezogenheit voll und ganz akzeptiert wird, ob dies nun einen Gegenstand, eine Situation oder eine Person trifft. Es ist das gänzliche Fehlen einer Reserviertheit in der Beziehung und den Handlungen, die diese Beziehung verlangt — und ein Tänzer steht in Beziehung zum Boden, ein Redner zu seinem Publikum, ein Liebhaber zu seinem erwartungsvollen Partner, der Teilnehmer an einem internationalen Kongreß zu der Menschheit, deren viele Gesichter er um sich sieht. Wenn irgendeine dieser Personen auch nur einen Augenblick lang einen Gedanken oder ein Gefühl gegen die Bezogenheit auf alles, womit sie zu tun hat, aufrechterhält, wird die Gelassenheit verschwinden. Hinter jedem Widerstand ist eine Art von Angst. Egoismus ist eine Art von Angst, und dasselbe gilt auch für die meisten Krankheiten.

Menschen, die auch noch so wenig vertraut mit den Symbolen des Tierkreises sind, sprechen gerne von den wunderbaren sozialen Gefühlen des Waagetypus. Dennoch sollten wir nicht übersehen, daß diese Gefühle in vielen Fällen der Versuch sind, Angst zu verbergen. Tief in sich selbst wird der Waagetypus oftmals (wenn er sich nur traut, nachzuforschen) eine unbewußte, subtile, dennoch aber sehr mächtige Abwehr gegen vollkommene Verbundenheit finden. Diese Abwehr ist genau deshalb vorhanden, weil vollkommene Verbundenheit für ihn genau der Schritt nach vorne ist. Unterbewußt spürt er es, und indem er es spürt, kämpft er dagegen an. Wenn er soziale Gelassenheit gewinnt, so geschieht das im wesentlichen dadurch, daß er diesen Widerstand wie auch ein Gefühl gesellschaftlicher Unterlegenheit überwindet, genauso wie das impulsive Wesen des Widdertypus im allgemeinen eine Kompensation für das nagende Gefühl persönlicher Unsicherheit ist.

Da, wo der negative Charakter des Waagetypus die Kontrolle übernommen hat, nimmt das Gefühl der Verbundenheit exklusive und zerstörerische Formen an. Zwar wird Beziehung noch immer glorifiziert, aber es ist eine Beziehung, die bereits zu spiritueller Sklaverei geworden ist und aufgrund dieser inneren Unfreiheit unterbewußt zu binden und zu absorbieren sucht.

Dies geschieht relativ selten, dennoch sollte man im Auge behalten, daß wirkliche ›Gelassenheit‹ bei einem Waagemenschen nicht selbstverständlich ist. Wenn sie sich wirklich manifestiert, so deshalb, weil sie ein Geschenk des Geistes ist, und aufgrund dieser aus dem Geist geborenen Manifestation befriedigt sie ein grundlegendes Bedürfnis und muß gleichzeitig eine unterbewußte Angst überwinden. Aber wenn diese Überwindung stattfindet, so sind die Ergebnisse noch viel strahlender als bei irgendeinem anderen Tierkreiszeichen. Denn alles, was sich als spiritueller Sieg einstellt, beinhaltet eine schöpferische und ansteckende Qualität, die man nirgendwo anders findet. Individuelle Identität, wie auch geschichtliche Identität können nur durch Überwindung transformiert werden, und es gibt keinen Sieg ohne Kampf und ohne den Glauben an die letztendliche Überwindung.

Viele Jahrhunderte lang haben die Menschen den Faktor des ›Kampfes‹ wie auch eine Art von Glauben an den Endsieg betont und überbetont, der durch das angespannte Kinn und die geballten Fäuste symbolisiert wurde. Dieses verkrampfte Theater wurde als ›sittliche Stärke‹ verstanden, zumindest von den meisten Bewohnern der westlichen Hemisphäre. Wie hätte es auch anders sein können in einer Zivilisation, die einen gekreuzigten und blutenden Erlöser anbetete, dessen Qual und Tod die der menschlichen Natur innewohnenden Sünden sühnt? Diese Vorstellung von Sittlichkeit als der Glorifizierung eines verzweifelten Kampfes um das Gute muß jedenfalls in der Morgendämmerung eines Zeitalters des Überflusses und des reichen Lebens verschwinden, ebenso wie das Bild eines sterbenden Christus im Herzen der Menschen durch das eines lebenden Christus überlagert werden sollte, dessen Joch leicht ist, dessen Bürde nicht beschwert.

Sittlichkeit als Ausdruck der Verspannung von Geist und Gefühl führt zu den Krankheiten (englisch: ›Disease‹ — Nicht-Gelassenheit) eines gefesselten Willens, denn körperliche Krankheit folgt ganz unausweichlich der physischen Anspannung und langandauernder verkrampfter Haltungen. Vielleicht ist Kampf notwendig, aber der einzige große Kampf, der zu Gesundheit von Seele und Körper führt, ist die Anstrengung, Trägheit, spirituelle Gleichgültigkeit und den Zweifel am Sieg zu überwinden. Aber das ist kein Kampf gegen irgendein bestimmtes Wesen der mit angespannten Muskeln, kontrahiertem Herzen und verhärtetem

Willen geführt werden muß, sondern viel eher ein Kampf um Verständnis, ›Einschließlichkeit‹, um eine umfassendere Vision und mehr Licht. Es ist ein Kampf um eine immer entspanntere Offenheit für das Leben und Gott. Es ist eine Bemühung, aber kein Konflikt. Genauer gesagt ist es eine immer tiefer werdende Begierde nach der Identifikation des Ego mit dem größeren Selbst.

Das Ego ist, was es ist, und nur das. Das Selbst aber ist alles, was es gibt, nur daß die konkrete Gestalt, die durch Geburt und Umgebung bestimmt ist, den Brennpunkt bildet, durch den sich jenes ›Alles‹ auf eine bestimmte Weise ausdrückt. Das Ego schließt aus, das Selbst aber bildet den Brennpunkt für die Ganzheit. Nur durch ›Einschließlichkeit‹ kann man im Selbst wachsen. Aber der Grad dieser ›Einschließlichkeit‹ entspricht der Fähigkeit eines Menschen, das zu assimilieren, was eingeschlossen und aufgenommen wird.

Assimilation ist niemals befriedigend, wenn es noch Anspannung, Konflikt und Schmerz gibt. Für die Zukunft brauchen wir deshalb Menschen, die die Kräfte des Universums und der menschlichen Natur assimilieren und konstruktiv einsetzen, nicht aber Menschen, die gegen diese Kräfte ankämpfen. Menschen, die mit aller Anspannung gegen die Welt kämpfen, können nicht kreativ mit ihr umgehen. Die Menschen können nur dann von der Natur frei sein, wenn sie sie erfüllen, wenn sie sie mit Gelassenheit, mit Eleganz erfüllen.

Mit ›Eleganz‹ meine ich die Eigenschaft, die der Mathematiker sich vorstellt, wenn er von der eleganten Lösung eines mathematischen Problems spricht, einer Lösung, die mit extremer Einfachheit der Mittel, mit einem Minimum von Zwischenschritten und einer innewohnenden Logik − also mit Leichtigkeit − eintritt. In demselben Sinne ist ein Eukalyptusbaum die elegante Lösung des Problems, das in seinem Samen enthalten ist; es ist eine vollkommen gelassene und logische Entwicklung der Lebenspotentiale, die in diesem Samen enthalten sind.

Das natürliche Wachstum der inneren Möglichkeiten, die Gelassenheit und logische Form der Entwicklung, die Eleganz der Entfaltung, das sind die Juwelen der Lebenskunst, an ihnen erweist sich die Meisterschaft. Denn der ›Meister‹ ist der souveräne Künstler in der edelsten aller Künste, der Kunst des Lebens. Die Lebenskunst besteht darin, daß alle Kräfte und Herausforderungen der menschlichen Natur und des sozial-kollektiven Lebens mit Gelassenheit angenommen werden, und zwar aus der Fülle eines reichen, heiteren Bewußtseins, das der Saat selbst, dem Ende und Anfang aller menschlichen Verwirklichung, treu ist.

Ein solches Leben ist das Kennzeichen der einzig wichtigen Aristokratie, denn der wirkliche Aristokrat ist ein Mensch, der aus seiner Verwurzelung in der Tradition und einer langen Ahnenreihe heraus bei voller Teilnahme an den Angelegenheiten seiner Nation oder Gemeinschaft ein lebendiger Ausdruck der Anpassungsfähigkeit an das Leben ist, das diese Nation oder Gemeinschaft verkörpert. Er ist mehr ein Typus als ein Individuum. Er ist das kollektive Ganze, das sich in einem individuellen Körper und Geist ausdrückt. Und wie könnte das, was das Ganze darstellt, einen Mangel an Gelassenheit aufweisen, wenn es den Teilen dieses Ganzen begegnet!

Der wirkliche Aristokrat kann ebensosehr auch Herrscher sein. Wie Jesus kann er die Füße seiner Jünger mit solcher Gelassenheit und innerer Eleganz der Gefühle waschen, daß sich auch die Schüler dabei wohl fühlen. Die größte Prüfung der Gelassenheit besteht in der Frage, ob sich die jeweiligen Partner, die die Situation teilen, ebenfalls wohl fühlen und mit der Fülle ihres Wesens auf den reichen Fluß der Geschenke eines solchen Menschen antworten.

Die Quelle der Gelassenheit können wir tatsächlich in allen Teilen des Seelenkörpers finden. Gelassenheit breitet sich vom Zentrum des Seins aus, weil das Zentrum in sich die Ernte gesammelt hat, die aus der ganzen Natur erwachsen ist. Unterdrückung, Verdrängung, Gefühle der Unangemessenheit oder Schuld, Angst und der Stolz, der aus der Angst entsteht — all das sind die Ergebnisse einer Zivilisation, die Sittlichkeit um jeden Preis theoretisch betont, wie auch eines Willens, der mit dem Glauben an die Sünde belastet ist. All das zeugt von einer fundamentalen Unfähigkeit, Gott und Seinem Versprechen eines reichen, überfließenden Lebens zu vertrauen. Es sind die Ergebnisse der Knappheit. Sittlichkeit, wie wir sie traditionellerweise kennen, ist Knappheit des Geistes.

Schritt für Schritt wird eine Art der Sittlichkeit unter den Menschen Gestalt annehmen, die aus spirituellem Überfluß resultiert. Es wird eine Sittlichkeit sein, die als Ganzheit durch jeden Teil des sozialen Organismus wirkt; eine Sittlichkeit, die sich nicht von den gespensterhaften Sünden von Individuen verfolgen läßt und jedem Menschen Verantwortlichkeit für das Versagen eines jeden anderen zumißt; eine Sittlichkeit, die den spirituellen Vorrang des Ganzen über die Teile erklärt und von erfüllter Beziehung ist, wo die Menschen früher noch über individuelle Sünden und Enttäuschungen klagten. Die Krönung einer solchen Sittlichkeit wird die Gelassenheit des Lebens, die Gelassenheit des Seins und auch eine Gelassenheit im Wechselgesang der Liebe sein.

Gelassenheit ist der Blütenduft einer so harmonischen Liebe, daß die, die daran teilhaben, miteinander voll und ganz im Gefühl wie auch in Taten eins sind. Gelassenheit ist der Duft des Glücks. Sie ist Einfachheit, die zu Frieden geworden ist, einem Frieden, der selbst im Schweigen eines vollzogenen Lebens singt. Wie die Weinrebe ihre Ranken

ausstreckt, um das Licht und den nährenden Baum zu erreichen, wie das Wasser sanft durch die Wiese fließt, die es mit
verschwenderischer grüner Fülle segnet, wie die Wolken in
vielgestaltiger Anmut im Himmel tanzen, so werden auch
die Männer und Frauen von morgen das Wunder der Gelassenheit kennen: Ihre Seelen werden befreit sein von der
Knappheit der Liebe und der Armut des Geistes, ihre Körper werden sich am Licht und der Wärme der Sonne erfreu-
en, ihr Denken wird aus den Gärten der Göttlichkeit Ideen
sammeln wie die Bienen den Nektar der Blüten.

Nicht-Identifikation

In jedem Leben kommt ein Augenblick, wo das Individuum leidenschaftlich danach verlangt, mit dem Geliebten eins zu werden und sich mit der Gemeinsamkeit zu identifizieren, die aus stabiler Beziehung und dauerhaftem Gruppengefühl erwächst. Der menschliche Geist hat nun das Ideal der Kameradschaft erblickt, das im Himmel des sozialen Lebens leuchtet; er hat das Unbekannte akzeptiert, das sich jenseits der Gartenlandschaften des Selbst und seiner Abenteuer und Verheißungen befindet und hat sich nun für die gewaltigen Winde geöffnet, die aus der ozeanischen Weite des Unbewußten wehen. Oben ist die Seele und ihre großen Träume, unten die Gattungsganzheit der menschlichen Rasse: Himmel und Meer, ekstatische Bilder und die Kraft der Gezeiten, die in verschwenderischer Fülle immer neues Leben entfalten. Der Geist hat das Fieber der Unermeßlichkeit gefangen. Die ansteckende Glut der Einheit wirbelt durch die Sicherheitsvorrichtungen, die die wertvollen Mechanismen des Ego vom elektrischen Potential der Liebe isolierten. Das einzige Verlangen besteht nun darin, mehr zu sein, als man ist, indem man anders ist, als man ist. Seine Isoliertheit aufzugeben und sich mit anderen zu vermischen, seinen Verstand an das Ganze zu verlieren und in der Einheit der Seelen zu verschmelzen, die individuellen Träume hinter sich zu lassen und in der Vision einer heiligen Heerschar aufzuflammen — das sind die Symptome des leidenschaftlichen Verlangens nach Identifikation, von dem jedes

Individuum in irgendeiner schwierigen Metamorphose erfaßt wird.

Es gibt Menschen, die dieses Verlangen mit einer so kompakten und zwingenden Intensität verwirklichen, daß sie zu den Avataren des ›Ganzen Menschen‹, all der Inkarnationen menschlicher Göttlichkeit werden. Es gibt Menschen, deren Wesen so sehr von der befruchtenden Kraft einer großen menschlichen Mutation, sei sie biologisch oder spirituell, ergriffen sind, daß sie wie Glocken erklingen, wenn sie die Scharen zu der neuen Art der Verehrung oder des Fortschrittes rufen. Sie sind die Propheten, die Führer und Seher der Menschheit. Aber es gibt auch andere, die in die Wirbel der Elemente gespült werden, welche das Gewebe von Körper und Geist selbst zerreißen und die in sexuelle Zufriedenheit und geistigen Sadismus absinken, um letztendlich zur Nahrung für die dunklen Kräfte der Entseelten zu werden.

In seiner einfachsten und ursprünglichsten Form kennt man dieses große Verlangen nach Identifikation als Sexualität, und deshalb wurde das Tierkreiszeichen des Skorpions traditionellerweise mit dieser grundlegenden Aktivität der menschlichen Erfahrung verbunden. Aber Sexualität (in ihrer bewußten und menschlichen Form) ist nur die grundlegendste Manifestation eines Triebes, der sich durch alle voneinander unabhängigen Strukturen in der Welt der Seelen zieht. Individuelle Egos sind zu diesem leidenschaftlichen Verlangen nach Identifikation ebensosehr fähig wie biologische Organismen. Der spirituelle Jünger, der die vollkommene Selbstaufgabe an seinen Gott anstrebt, oder der Märtyrer, der in Freuden stirbt, um die Macht seines Anliegens durchzusetzen, geben sich ebensosehr den Objekten ihrer Liebe hin, wie sich eine Frau in vollkommener sexueller Ekstase hingibt. Der Geist des Nachtfalters wird von der Flamme verzehrt, die ihn so leidenschaftlich angezogen hat. Jede Seele wird von dem verschlungen, was sie verehrt.

Jedes Bewußtsein wird zu dem, womit es unablässig und glühend eins werden wollte.

Der Spruch ›Wie du denkst, so wirst du‹ ist den Schülern des modernen Neuen Denkens und der okkulten ›Metaphysik‹ aller Zeitalter durchaus vertraut. Eine genauere Formulierung würde in etwa folgendermaßen lauten: Wie deine Leidenschaft nach Identifikation ist, so wird auch die Substanz deines ganzen Seins werden. ›Denken‹ genügt normalerweise nicht, um eine vollkommene Transformation des Seins zu erreichen. Im Waagestadium der Evolution ›denken‹ Menschen Gemeinschaft und agieren sie sogar aus. Sie sehen die große Vision und treten in den Kreis der großen Träumer, aber erst wenn das Individuum das leidenschaftliche Verlangen nach Identifikation und das Feuer der ›Vereinigung‹ erlebt hat, kann es mit seinem Denken und seinen Träumen wirklich eins werden.

Auch ist der Ausdruck Hingabe oder Selbstaufgabe nicht geeignet, dieses Mysterienritual des allesverzehrenden Feuers auszudrücken. Was ›hingegeben‹ wird, ist nicht das Selbst, sondern das Verlangen des Ego, unabhängig zu bleiben; und man sollte das Verlangen, unabhängig zu bleiben, nicht mit der Kraft, selbst beim eigenen Feuertod noch Zeuge zu sein, verwechseln. Der Eigentümer eines Hauses gibt zwar seinen rechtlichen Anspruch auf, nicht aber das Haus. Er wird zum Manager und Vertreter des neuen Eigentümers, des ›Wirklichen Menschen‹ — oder Gott. Er gibt die Beschränkungen seiner Ängste auf und erlangt Teilhabe am Sein des Universums. Das ist zumindest das Ziel, aber nur wenige erreichen es. Es ist leichter, den Tod des Nachtfalters zu sterben.

Alles spirituelle Leben ist paradox. Wer seinen großen Traum verwirklichen will, muß sich mit ihm identifizieren, und wer göttlich werden will, muß Gott mit alles verzehrender Leidenschaft lieben. Und dennoch muß der Träumer

103

Zeuge seines Traums sein, wenn er es vermeiden will, vom Schatten seines Ideals selbst verschlungen zu werden. Der spirituelle Jünger kann Gott nicht ›erkennen‹, wenn er nicht gleichzeitig das Gefäß der Göttlichkeit bleibt. Identifikation kann nur durch die Nicht-Identifikation des Bewußtseins mit dem Identifikationsprozeß gelingen. Vom Feuer verzehrt zu werden, und dennoch die Flamme zu hüten, das ist das Ziel. Dieses Ziel kann nur durch den Einsatz des magischsten Geistgeschenkes erreicht werden: die Kraft der Nicht-Identifikation.

Auf der Ebene der biologischen Funktionen findet die Identifikation zwischen Rhythmen statt. Das dynamische Muster der Vereinigung breitet sich vom Sexualzentrum in konzentrischen Kreisen aus, bis jeder Nerv und jede Zelle vom Feuer berührt ist. Auf der Ebene des persönlichen Seins kennen wir diesen Vorgang der Vereinigung als Liebe, dort findet Identifikation auf psychischer und mentaler Ebene statt. Das Selbst wird in die Beziehung hineingezogen, wird von ihr aufgesogen.

Auf der Ebene des Bewußtseins identifiziert sich das Ego mit Bildern, Bildern, die von großen schöpferischen Intelligenzen ausgesandt, durch die Kraft des kollektiven Lebens gespeist und durch die Verehrung durch eine Gruppe des kollektiven Lebens, eine Gruppe von Menschen, tot oder lebendig, verstärkt werden. Manche dieser Bilder sind Entitäten im kollektiven Unbewußten von Nationen, religiösen Gruppen oder der ganzen Menschheit, die ein ganzes Zeitalter überdauern können, und die Kraft dieser großen Bilder kann das Ego, das der Bürde seines eigenen Selbstseins müde ist, überwältigen. Viele Menschen haben im Laufe vieler Jahrhunderte ihren Tribut an diese Idole in den Tiefen oder im Himmel der kollektiven Menschheit gezahlt, sie haben ihnen die Substanz ihrer Seele gegeben! Diese Bilder können zu Strudeln der psychischen Energie werden.

Ein Mussolini träumt von Macht als Kompensation für ein beißendes, neurotisches Gefühl sozialer Unterlegenheit – und siehe da: sein Bewußtsein wird von dem kraftvollen Magneten des Cäsarenbildes angezogen. Die Barrieren seines rationalen Verstandes geben unter dem Hereinfließen der Macht nach. Das Unbewußte eines Volkes, das so lange im Dunkeln von der Schwerkraft des Glorienbildes angezogen wurde, steht nun in der Volksmasse bereit, um zu handeln, wenn das Bild durch das leidenschaftliche Verlangen eines Mannes eine bewußtere Form erlangt hat, wenn dieser Mann sich nun mit dem Idol identifiziert hat.

Hier ist die Identifikation fast vollkommen und verheerend. Der Anhänger stirbt für seinen Gott, und mit ihm sterben zahllose Millionen. Aber wenn dieser Gott durch brutale Macht und Begierde gespeist werden kann, so gibt es umgekehrt vielleicht auch ein Bild des Lichtes: Es kann ein erstaunliches kosmisches Wesen sein, eines von denen, die von zahllosen Anhängern der Sternengötter in alten (und sogar modernen) Zeiten verehrt wurden. Je größer die Macht der Bilder, um so größer die Gefahr vollständiger Identifikation des Ego mit diesem Idol. Und die Zahl der Götzen, die das Bewußtsein der schwachen oder ängstlichen, der liebenden oder der verzweifelten Menschen in ihre altersgrauen Heiligtümer ziehen, ist unermeßlich!

Alle Menschen, Männer, Frauen und Kinder, leben in einem psychischen Meer, in dem es von zahllosen Bildern nur so wimmelt. Sich mit ihnen zu identifizieren, kann Schwäche bedeuten, es kann aber auch Kraft offenbaren. Identifikation sollte ein Wachstumsstadium sein. Ein Mensch, der sich im Geist und in seiner individuellen Identität sicher fühlt, kann in diesen Bildern reisen. Ganz bewußt spielt er die Rolle, die von den Bildern definiert wird. Er ist das Feuer, und er ist der Herd. Er ist enthalten, und er ist das Gefäß. Obwohl sein ganzes Sein unter dem Ansturm der

Kraft vibriert, bleibt er dennoch fest und bewußt. Er bewahrt die Kraft wie eine Maschine, die die explosiven Ausbrüche von Molekülen in sich behält. Er nutzt und entfaltet die Kraft, die weniger entwickelte Menschen in leidenschaftlicher, unkontrollierter Identifikation in das Bild gegossen haben.

Die Kraft der Nicht-Identifikation, die dem Menschen durch den Geist verliehen wird, ist die Kraft der Erhaltung im Selbst, nicht aber der Selbsterhaltung. Es wurde oft versucht, das ›Selbst‹ zu definieren, aber es entzieht sich im Prinzip der Definition, denn definiert werden kann nur, was eine bestimmte Form hat, und das Selbst ist die Kraft, zu jeder Zeit die nötige Form zu erschaffen. Diese Form muß geeignet sein, um genau die Art der Kraft aufzunehmen und zu bewahren, die in ein Bewußtsein einfließt, wenn es sich mit irgendeinem Bild des Unbewußten identifiziert. Das Selbst ist die Kraft, jede Art von Kraft zu bewahren und zu verwenden. Es ist die Kraft, sich mit den Ergebnissen aller möglichen Identifikation nicht zu identifizieren.

Wenn es eine Fülle der Substanz und der verwendbaren Kraft geben soll, so muß es auch Identifikation geben. Der Mensch muß den Mut haben, seine Seele zu verlieren, um jenen Zustand zu erreichen, in dem er mit der Urseele des Ganzen arbeiten kann. Er muß den Mut haben, das Wasser und das Glas zu trinken und sich selbst als ein Nichts zu erkennen, bevor er auf die Fähigkeit hoffen kann, mit allem zu arbeiten, alles einzusetzen. Diese Fähigkeit ist das Selbst.

Das Selbst ist Geist in Aktion, weil Geist das ist, was immer dort handelt, wo Handlung gefordert ist — und das bedeutet überall! Das Selbst ist die Instanz, die in alle Ewigkeit Handlungen vollzieht. Es ist Handlung, die durch eine Form geschieht, und zwar jede erforderliche Handlung, die in jeder verfügbaren Form vor sich geht. Wer die Kraft hat, jede erforderliche Handlung in jeder beliebigen verfügbaren

Form zu vollziehen, wie auch die Kraft, sich vom Vollzug einer überflüssigen Handlung zurückzuziehen, der hat sein Selbst gefunden. Er ist Geist in Aktion. Er ist frei von Identifikation, weil er die Kräfte, die aus der Identifikation stammen, mit jedem beliebigen Bild verbinden kann, damit die von ihm geforderte Handlung stattfinden kann.

Um die Handlungen, die von einem Vater gefordert sind, zu verwirklichen, muß ein Mann sich so sehr mit dem Bild der Vaterschaft identifizieren, daß er seinen Kindern als der Vater erscheint. Der große Liebhaber ist jener Mensch, der in seinem Sein das ewige Bild weiblichen Verlangens verkörpern kann. Jedes auffällige Leben ist ein Leben im Namen eines Bildes oder Gottes, denn nur so ein Leben kann bei Gruppen oder Kollektiven ein Gefühl treuer Zugehörigkeit erzeugen. Der Mythos also ist der Sieger, und nicht die Persönlichkeit, die sich mit der Kraft des mystischen Bildes bekleidet hat. Dennoch sind große spirituelle Personen Menschen, die die Form des Mythos im Schmelzofen ihrer eigenen individuellen Siege neu gießen. Sie identifizieren sich mit dem Mythos, doch der Mythos wird in ihnen und aus ihnen neu geboren.

Jesus verleibte sich tatsächlich das Bild des ›jüdischen Propheten‹ ein. Er identifizierte sich mit ihm und blieb doch davon unabhängig. Er gab dem Bild eine neue Bedeutung, einen neuen Sinn, der dem schöpferischen Zentrum des Selbst entsprang − und dadurch wurde er zu Christus. In Jesus sehen wir die Identifikation, in Christus die spirituelle Kraft der Nicht-Identifikation. Das ist im psychologischen Sinne die wirkliche Bedeutung der doppelten Anrede: ›Menschensohn‹ und ›Sohn Gottes‹. Gott kann nur durch den Menschen und durch eine rückhaltlose Identifikation mit dem menschlichen Schicksal erreicht werden. Aber nur der Mensch kann Gott erreichen, der in seiner eigenen spirituellen Identität fest bleibt, selbst wenn er im Feuer seiner

Identifikation mit dem Menschlichen verbrennt. In dieser Leistung wird die Magie des idealen Skorpionmenschen perfekt erfüllt.

Die Technik, die dahin führt, ist im wesentlichen die Technik des rituellen Vollzuges. In dieser Technik werden Formen aufgebaut, die dem Individuum oder der Gruppe die Fähigkeit verleihen, die im Prozeß der Identifikation mit den großen Bildern des Unbewußten entfesselte Kraft in sich zu bewahren. Diese Formen (Verhaltensstrukturen, verbale Äußerungen, geheiligte Gesten, Tonabfolgen usw.) gewinnen durch genaue Wiederholung eine beachtliche Kraft. Sie werden zu Gefäßen psychischer Energie. Sie binden den Willen und die Aufmerksamkeit der Menschen, wie die Chemie bei der Herstellung von Plastik die Moleküle bindet. Wenn sie dem Geist treu sind, so können sie den Individuen dabei helfen, sich rückhaltlos auf die Kräfte einzulassen, die aus der Beziehung entspringen, ohne durch diese Kräfte ›entselbstet‹ zu werden. Dabei spielt es keine Rolle, ob es sich um gesellschaftliche oder internationale, um sexuelle oder persönliche Beziehungen handelt.

Ritualisierte Prozesse dieser Art können für eine Mann-Frau-Einheit gelten, oder auch für eine Gruppe von zeremoniell eingestellten Menschen, für eine Nation oder die ganze Menschheit. Sie sind ebenso mannigfaltig, wie es das jeweilige Problem menschlicher Beziehung verlangt. Sie verändern sich je nach Ort und Zeit, und dennoch erweisen sich bestimmte Grundzüge in ihnen überall und immer als richtig, denn das sind die Ausdrucksformen der Gattung des Menschen selbst.

Es gibt jedoch Zeiten, in denen die ritualisierte Beschwörung von Bildern und Kräften durch menschliche Gruppen, die für diesen Zweck ausgebildet wurden, ganz besonders vorangetrieben wird; und in solchen Zeiten streben individuelle Menschen danach, schlummernde Kräfte zu wecken und in das überbewußte oder überstabile durchschnittliche Ego einfließen zu lassen. Zu anderen Zeiten gibt es keine Notwendigkeit, diese Bilder ins Leben zu rufen, da sie fast von selbst an die Oberfläche des Bewußtseins dringen. In diesen Fällen wird die Betonung dann auf die Anrufung des Geistes gelegt, und die flehentliche Bitte der Menschen betrifft die Kraft der Nicht-Identifikation, denn nur sie verspricht die Rettung aus den tragischen Stürmen des Kollektiven.

Beschwörungsmethoden führen zu komplexen Formen von Ritualen und beinhalten auch die Kooperation von kleinen oder großen Gruppen. Anrufungsmethoden dagegen mobilisieren die konzentrierte Aktion des Individuums, und zwar hauptsächlich auf geistiger Ebene. Die ersteren erscheinen in Zeremonien aller Arten, im Bereich okkulter oder religiöser Handlung, in der Politik, im Geschäftsleben, im Krieg oder bei Siegen. Die letzteren wirken hauptsächlich durch Gebet oder okkulte Meditation, oder auch durch individuellen künstlerisch-literarischen Ausdruck.

Die ›Anrufung‹ ist im wesentlichen ein Ruf nach dem Geist, und da der Geist jedes lebensnotwendige Bedürfnis beantwortet, sofern die Tore der Seele für das Einfließen der spirituellen Kraft geöffnet sind, ist dieser Ruf am wirksamsten, wenn die Not am größten und am schärfsten wahrnehmbar ist. Aus diesem Grund ist der große Heilige oftmals ein Mensch, der in seinem vergangenen Leben die schrecklichsten Tragödien der ›Sünde‹ erfahren hat, und das schöpferische Genie ein Mensch, dessen Persönlichkeit in schmerzhafter Weise genau die Elemente vermissen läßt, die seiner Botschaft ihre Größe verleihen.

Dies ist der Glanz und die Tragödie des menschlichen Individuums, das Geheimnis des Menschen ›vor der Schwelle‹, denn die Kraft eines Menschen liegt in seinen Gegensätzen und seiner Fähigkeit, seinen Willen zur Ganzheit einzuset-

zen, während er noch qualvoll von Konflikten oder Gefühls-
widersprüchen zerrissen ist. Deshalb besteht der tiefste Willensakt darin, leer zu werden, damit der Geist die scharf
empfundene Leere erfüllen kann. Es ist der Wille, Erde zu
sein, damit Gott mit Seinem Himmel und Seinen Blitzen
antworten kann. Es ist der Wille, Gott in die Verkörperung
zu zwingen, und auf diese Weise die höchsten Höhen und
tiefsten Tiefen zu integrieren. Der Mensch ist gegensätzlich
und paradox, das ewige Helldunkel von Licht und Schatten.
Am größten ist er, wenn seine dynamische Leidenschaft am
heftigsten, seine Ganzheit aber am umfassendsten ist, wenn
sich die Gegensätze in seiner Seele immer und ewig im
rhythmischen schöpferischen Zusammenspiel begegnen.

Der Mensch ist die bewegende Leidenschaft des Universums. Es gibt nichts, was so tief ist, daß er es nicht in qual-
vollen Identifikationen zu erfahren suchte. Es gibt keine
Tiefe, die der Geist nicht erreichen könnte – durch einen
Menschen, der im Zentrum aller Stürme heiter und gelassen
und in seinem Selbst ausgeglichen ist. Der Mensch ist das
Feuer und der Herd, das Holz und das Opfer, der Jünger
und der Opferpriester, alles ist durch den Menschen möglich, er ist es, der Kraft beschwört, der Gott um Kraft
anruft. Alles ist möglich ›mit Gott‹.

Kameradschaft:
Die Kunst des Zusammenlebens

Das Bewußtsein menschlicher Wesen entwickelt sich auf der Grundlage von Erfahrung und den Gefühlen, die durch die Erfahrung erzeugt werden. Es entwickelt sich durch verschiedenartige Ausdrucksformen, Worte, konventionalisierte und bedeutsame Gesten, Begriffe und ganz allgemein durch die unendlich vielfältigen Beziehungen der menschlichen Gesellschaft.

Ich bin der Meinung, daß ein Leben in der Gesellschaft zur Natur menschlicher Wesen gehört. Und dennoch ist die Entwicklung eines wirklich gesellschaftlichen Bewußtseins nur Schritt für Schritt möglich, und zwar sowohl in bezug auf das geschichtliche Wachstum menschlicher Gemeinschaften wie auch auf die langsame Entfaltung der geistigen Kräfte des Kindes und des Heranwachsenden. Als erstes kommt die Entwicklung eines persönlichen Bewußtseins, das auf instinktiven Trieben und den Erfahrungen der biologischen Gattung beruht. Diese Phase entspricht der ersten Hälfte in der Abfolge der Tierkreiszeichen, also vom Widder bis zur Jungfrau – und dabei ist die Jungfrau die Phase der Neuorientierung und entscheidenden Metamorphose.

Widder und Stier beziehen sich in der astrologischen Symbolik auf Impulse und Triebe, in denen die unbewußten biopsychischen Kräfte der menschlichen Natur ihren Ausdruck finden. Sie entsprechen der Morgendämmerung der menschlichen Geschichte, jenem Stadium der Stammesgesellschaften, in dessen Verlauf das Bewußtsein des Menschen danach strebt, sich aus dem undifferenzierten Zustand subjektiver Identifikation mit dem Universum und den Energien der Natur zu erheben. Das Ergebnis dieses Strebens nach einer objektiveren Wahrnehmung (Klassifikation und Organisation) der nunmehr erlebten Welt ist die Phase menschlicher Entwicklung, die im Sternbild Zwilling erscheint. Es ist das Zeichen eines bereits intellektuell gewordenen Bewußtseins wie auch verbaler Formulierungen und all jener geistigen Aktivitäten, durch die das menschliche Wesen als mehr oder weniger individualisierte Person zum Vorschein kommt. Die Sommersonnwende symbolisiert den Gipfel der persönlichen Differenzierung und den Triumph des Willens, ein unabhängiges Ich zu sein, der Mittelpunkt eines kleinen Universums, durch dessen Raum es sich in sonnenhaftem und selbstgenügsamem Glanz ausbreiten kann.

Während das Frühlingsquartal des Jahres die Tendenz zu individueller Differenzierung und Vereinzelung symbolisiert, verweist das Herbstquartal umgekehrt auf die Notwendigkeit der Zusammenarbeit menschlicher Wesen, um ihre gemeinsamen Bedürfnisse, kollektiven Ziele und gemeinschaftlichen kulturellen Werte zu erfüllen und zu pflegen. Das entspricht auch der Art der Erfahrungen, die der Herbst den Menschen der nördlichen gemäßigten Zonen bringt: Es ist eine Zeit der Zurückgezogenheit und des Sammelns. Die Früchte der Arbeiten, die im Frühling und Sommer ausgeführt wurden, werden nun gesammelt, um den zukünftigen Lebensunterhalt zu sichern. Die Arbeit auf den Feldern geht zu Ende.

Nun beginnen die Menschen nach einem dauerhaften Schutz vor der Natur zu suchen; das betrifft zunächst die physische Natur, dann aber auch die psychisch-emotionale Natur. Sie erkennen, daß die Notwendigkeit, gemeinsam die

Kälte und Dunkelheit langer Winter zu überstehen, eine neue Art von Erfahrungen und Erkenntnissen mit sich bringt. Aus der gemeinsamen Teilhabe an der Nahrung und dem Unterschlupf, aber auch an Plänen, Idealen und Werten wird gesellschaftliches Bewußtsein geboren.

Die erste Stufe dieses Prozesses finden wir im Waagestadium, in dem sich Menschen symbolisch die Hände reichen.

Im Zeichen des Skorpions ist die Vereinigung der Herzen und schöpferischen Kräfte die Substanz eines neuen Erfahrungsbereiches, und im Sternbild des Schützen erreichen die Menschen das Stadium, in dem sie sich auch geistig vereinigen; das soziale Bewußtsein findet sein Wirkungsfeld, und die Zivilisation erhebt sich aus der Natur. Im Rahmen des Logischen werden Begriffe aus Wahrnehmungen abstrahiert, wie auch Wein und Rauschmittel aus den Früchten der dunklen Erde gepreßt werden, damit sie in festen Behältern gären und reifen können.

Philosophische und abstrakte Begriffe, Ideen und Systeme sind die Quintessenz verallgemeinerter Erfahrungen. Möglich werden sie durch die Schöpfung einer Sprache, das Entstehen von Wörtern, die die Kraft, die aus menschlichen Reaktionen auf gemeinsame Erfahrungen entspringt, festhalten oder auch mobilisieren können. Durch Worte werden die Ergebnisse von Erfahrungen übertragbar. Diese Worte ermöglichen eine Kommunikation zwischen Menschen, die durch bestimmte Umstände in ihrer Umgebung nicht unmittelbar betroffen sind. Sprache kann, vor allem wenn sie einmal aufgezeichnet ist, »Zeit binden« (Korzybsky) und den Tod überwinden. Sie ermöglicht die Kommunikation zwischen aufeinanderfolgenden Generationen wie auch zwischen Menschen aus fernen Ländern. Die Entwicklung der Zivilisation ist durch den unablässigen und dauerhaften Drang gekennzeichnet, selbst die entferntesten Faktoren menschlicher Erfahrung miteinander zu verbinden, und selbst jene, die noch immer im Schoße einer vorstellbaren Zukunft schlummern.

Diese Beschäftigung mit dem Fernen, dem Zukünftigen und dem Abstrakten ist das Kennzeichen der Zivilisation im engsten Sinne des Wortes. Zivilisation ist notwendigerweise die Überwindung von Natur, denn Natur erschöpft sich immer in unmittelbarer Aktion und Reaktion, sie ist örtlich und persönlich bestimmt. Selbst da, wo eine natürliche Handlung oftmals wiederholt wird, erscheint jeder einzelne dieser Handlungsvollzüge dem Bewußtsein des nur ›natürlichen‹ Wesens als neues und einzigartiges Phänomen. Dies verleiht dem Vollzug der Handlung Vitalität — es ist eine Art Herausforderung auf Leben und Tod — bindet sie aber gleichzeitig an das konkret Bestimmte; die Ergebnisse der ›natürlichen‹ Erfahrung können verbal oder abstrakt nicht übermittelt werden, es sei denn durch die Erinnerung an ungewöhnliche Taten.

Die Zivilisation dagegen ist mit der übertragbaren Essenz von Erfahrungen befaßt, mit jenen Faktoren, die sich der zeitlichen Bestimmbarkeit und dem singulären Charakter einzigartiger Tatsachen entziehen. Zivilisation ist die Organisation von Allgemeinem und universellen Werten. Sie ist des Menschen gemeinsame Menschlichkeit, die auf die Ebene des Bewußtseins und der Sinnsetzung gehoben und in Symbolen formuliert wurde, die überall dort Bedeutung annehmen, wo menschliche Wesen leben und die Welt der totalen Wirklichkeit erfahren.

Der universelle und zeitlose Charakter der Zivilisation hat aber auch negative Eigenschaften. Die auffallendste Beschränkung der Zivilisation liegt gerade in ihrer Herausforderung an Grenzen und Beschränkungen. Daß sie sich mit Universalien befaßt, macht sie potentiell zerstörerisch für die geistige und körperliche Gesundheit bestimmter Individuen. Durch ihre Zeitlosigkeit wird sie immer dort belastend und zersetzend, wo der lebendige Kern der individuellen Erfahrung auf dem Spiel steht. Die Übertragbarkeit ihrer Werte, Normen und Leistungen läßt diese unangemessen erscheinen, wo es um einzigartige Gelegenheiten im Leben einzelner Individuen geht. Da sie überall passen, berühren sie niemals jenes Zentrum der Wirklichkeit in der individualisierten Person, die durch den Geist belebt wird.

In seiner tiefsten Ausdrucksform befaßt sich der Geist mit individuellen Personen, erfüllt individuelle Bedürfnisse auf individuelle Weise. Er spricht zu menschlichen Wesen, die ihrer Menschlichkeit einen individuellen Sinn gegeben haben. Er spricht innerhalb der Seele und spricht als das Große Eine dennoch von Person zu Person. Alle vom Geist bestimmten Übertragungen entstammen der Einzigartigkeit eines anderen Selbst. Die Substanz der Übertragung gehört allen, ist universell. Aber der lebendige Vollzug der Übertragung findet von Individuum zu Individuum statt. Im Reich des Geistes gibt es keine In-vitro-Befruchtung! Die Gabe der göttlichen Kraft läßt keine Standardisierung zu. Es ist ein persönliches Geschenk, wie unpersönlich auch die Substanz des Geschenkes und die verliehene Kraft sein mag.

Dieser Punkt sollte immer und immer wieder betont werden, denn die Menschheit hat sich mit oft fanatischer Heftigkeit auf die Seite der Zivilisation und der universellen (weil intellektuell-abstrakten) Ideale begeben. Große Theorien und weltweite Schemata können für das Wohlbefinden und das Leben von Individuen zerstörerisch sein, und oft genug waren sie es auch. Die meisten universalistischen Religionen waren in ihrem Bekehrungseifer auch die fanatischsten. Die umfassendsten Wahrheiten haben die größte Anzahl von Menschen ans Kreuz genagelt, die entweder für sie nicht bereit waren oder das Recht in Anspruch nahmen, diese Wahrheiten ihrem eigenen individuellen Temperament gemäß zu erfahren und zu formulieren.

Ein Zivilisator und Universalist vergißt tatsächlich leicht, daß die erhabensten und zutreffendsten Ideen immer den Kern individueller Erfahrungen treffen müssen, wenn diese Ideen lebendig und spirituell strahlend sein sollen. Für all jene, die dazu neigen, die Menschlichkeit der Personen zu vergessen, die sie auf jede nur mögliche Weise zu irgendeiner großen (oder auch nicht so großen) Vision bekehren möchten, ist das wichtigste Geschenk des Geistes, das Geschenk der Solidarität.

Solidarität bedeutet, mit anderen Menschen, die man als menschliche Personen behandelt, zusammenzuarbeiten und in menschlicher Wärme zu leben. Es ist die Kunst des Zusammenlebens, wobei die Betonung auf dem Wort ›leben‹ liegt. Solidarität mit anderen Individuen zu empfinden bedeutet, ihnen mit all ihren individuellen Bedürfnissen und Charaktermerkmalen gerecht zu werden, ihnen nicht auf der Ebene von Abstraktionen und dogmatischen Glaubensvorstellungen zu begegnen, sondern im konkreten, wirklichen alltäglichen Leben. Es bedeutet, sie als einzigartige Personen in einzigartigen Umständen zu behandeln, die dementsprechend auch nach einzigartigen Formen der Zusammenarbeit und des Verständnisses verlangen. Es bedeutet, ihnen schöpferisch zu begegnen, wobei der Geist in jedem einzelnen ganz unmittelbar auf den Geist in allem anderen einwirkt, bzw. umfassend auf ihn reagiert.

Solidarität ist Kameradschaft, und etymologisch gesehen sind Kameraden Individuen, die in einem Raum leben und miteinander umgehen (Camera). Vielleicht arbeiten und schlafen sie tatsächlich in einem Raum, aber die wesentliche Tatsache der Kameradschaft besteht in der Teilnahme an gemeinsamen Aktivitäten und alltäglichen Lebensproblemen in einem genau definierten Lebensraum. Dieser Raum ist vielleicht ein kleines Zimmer, ein Palast, eine Stadt oder ein ganzer Planet, jedenfalls aber beinhaltet Kameradschaft das

Zusammenleben innerhalb irgendwelcher Grenzen, und zwar nicht aufgrund irgendeiner gemeinsamen Vergangenheit oder Ahnenreihe zusammenzuleben, sondern vor allem aufgrund gemeinsamer Aktivitäten und idealerweise auch eines gemeinsamen Zieles.

Menschen, die auf einem begrenzten Raum miteinander leben, müssen lernen, einander mit der notwendigen Achtung und Toleranz zu begegnen. Vor allem müssen sie einander als menschliche Wesen betrachten und nicht als Automaten, die von abstrakten Prinzipien oder Dogmen geleitet werden und Wörter, Ideen und Gesten blindlings wiederholen. Sie müssen lernen, einander als Personen zu verstehen und nicht als Sklaven irgendeines gesellschaftlichen Anliegens oder eines eifersüchtigen Gottes und seiner Priester.

Wirkliche Kameradschaft, wirkliche Solidarität wirkt auf einer Ebene, auf der Fanatismus und engstirnige Bigotterie nicht existieren können. Sie kommt dort zur Wirkung, wo alle Beziehung einfach, unmittelbar und reich an menschlichen Antworten auf Gefühle und individuelle Bedürfnisse ist, wo es keinen Standesdünkel, keinen sexuellen Chauvinismus, noch irgendwelche psychischen Hindernisse gibt, die den Fluß der Sympathien von Individuum zu Individuum zunichte machen. Kameradschaft und Solidarität sind eine Kunst, eine der feinsten und schwierigsten unter allen Künsten, denn sie verlangt von den einzelnen Beteiligten ein schöpferisches Umgehen mit menschlichen Beziehungen, einen scharfen Sinn für Einzelheiten, eine objektive Technik gegenseitigen Gebens und Nehmens und eine Verwirklichung von Sinn und Zweck in all jenen Aktivitäten, die die einzelnen Teilnehmer im Schlafraum, in der Armeebaracke, im Club, im Restaurant, in der Fabrik oder im Parlament zusammengebracht haben.

Kameradschaft verlangt im wesentlichen, daß keiner der Beteiligten irgend etwas in der Beziehung oder in ihm selbst für selbstverständlich hält! Bereits dieses Erfordernis macht Kameradschaft zu den schwierigsten unter allen Künsten. Ein kreativer Maler kann in einer Landschaft jeden Teil der Szenerie so wahrnehmen, als ob er niemals zuvor etwas ähnliches gesehen hätte, mit einer neuen und unmittelbaren Frische der Farbe und Form antwortet er auf alles, was er sieht; und in derselben Weise ist der wirkliche Kamerad imstande, all jenen, die seine Aktivitäten und seinen ›Lebensraum‹ teilen, in jedem Augenblick so zu begegnen, als wären sie ganz neu für ihn. Er vibriert unablässig vor frischer Vitalität in allen einzigartigen Facetten der Menschlichkeit und bedeutsamen Perspektiven und energiegeladenen Antworten auf die Herausforderung des gemeinsamen Lebens.

Kameradschaft ist wirklich eine anspruchsvolle Kunst, und wenn jemand festgefahrenen und konventionellen Mustern folgend handelt, wenn er starren Vorschriften oder verpflichtenden Dogmen folgt oder sich von einer fanatischen Hingabe an Götter oder Ideen leiten läßt, die durch sich selbst außerhalb der Unmittelbarkeit der Lebenssituation existieren, so kann er kein wirklicher Kamerad sein. Vielleicht ist er ein besonders erfolgreicher Partisan oder ein Jünger, der bereit ist, als Märtyrer den Feuertod zu sterben. Vielleicht ist er ganz besonders effizient als einzelner Arbeiter, als Chef oder Angestellter, aber er kann kein wirklicher ›Kamerad‹ sein.

Kameradschaft ist sowohl der Gipfel sozialen Bewußtseins als auch das spirituelle Gegenmittel gegen die negativen Aspekte einer überzivilisierten Gesellschaft. Dem unablässigen Drang der Zivilisation zu abstrakten Verallgemeinerungen und fernen Zielen und ihrer Geringschätzung der Mittel, um diese Ziele zu erreichen, antwortet die Kameradschaft mit einem tiefen Respekt für die Würde einer jeden menschlichen Person und die Werte, die konkreten Begegnungen und gemeinsamen Gefühlen entspringen. Immer versucht sie, den Kampf um ferne Resultate auf der menschlichen Grundlage der Nachbarschaft, Freundschaft und des psychologischen Verständnisses der Nahestehenden aufzubauen. Kameradschaft ist die Verehrung des Naheliegenden in einer Welt, die sich weitgesteckten Zielen und universellen Werten verschrieben hat. Sie basiert auf der Intimität persönlichen Seins in einer Gesellschaft, die durch Maschinen, Wohnblocks, Filme und Ladenketten, die sich überall im Land bis ins Unendliche vervielfältigt haben, entpersönlicht wurde. Kameradschaft ist tatsächlich die Antwort auf das einschneidendste Problem unserer westlichen Zivilisation.

Dieses Geschenk des Geistes ist besonders wichtig und wohltuend für einen Menschen, der von der unpersönlichen Intensität, dem Fanatismus oder der Rücksichtslosigkeit erfüllt ist, die so oft mit dem Verhaltens- und Bewußtseinstypus des Schützen verbunden wird. Der Schützetypus kann manchmal jovial sein, liebt vielleicht sportliche Betätigungen im Freien, aber in sehr vielen Fällen verbergen diese nach außen gerichteten und sozialen Eigenschaften einen hartnäckigen Drang, soziale, religiöse oder organisatorische Ergebnisse auf Kosten persönlicher oder menschlicher Werte zu erzielen. Soziale Anliegen sind ihnen wichtiger als das Wohlsein und die Freiheit von Individuen. Abstraktionen (die oft nur Floskeln oder Formeln sind) haben Vorrang vor lebenden Wesen. Ein religiöser Führer kann gewillt sein, menschliche Persönlichkeiten zu zerstören und ›ihre Seelen zu retten‹, allerdings im Sinne seiner Vorstellung von Rettung oder Spiritualität. Eine Nation wird gerettet, aber Millionen sterben in ihr an Hunger. Verlassene Kinder aus Asien werden Tausende von Kilometern weit übers Meer transportiert, aber die Slums auf der anderen Seite der Straße akzeptiert man ganz selbstverständlich als Teile eines traditionellen sozialen Systems.

Das ist die Unwägbarkeit der Zivilisation und der ruhelosen Suche des westlichen Menschen nach dem immer Jenseitigen: Es ist die Suche des Schützen nach Gott — oder nach Gold. Im Mittelalter kannte man diese Verlockung des Jenseits sehr gut. Die Conquistadoren und Inquisitoren kamen zum größten Teil aus einem Schützeland, Spanien. Auf der Suche nach Gott zerstörten sie menschliche Werte. Um ihren Traum von einem spirituellen Leben zu verwirklichen, marterten sie menschliche Körper, verzerrten sie ihre eigene Menschlichkeit. Und im großen und ganzen haben auch wir heute den Sinn der einfachsten und unmittelbarsten menschlichen Kontakte vergessen, sei es in unseren Städten, Heeren oder Wohnungen.

Einst hat ein Prophet am Anfang einer Ära rücksichtsloser Industrialisierung seine Stimme erhoben und für uns die Lieder des Westens über Kameradschaft und den Glauben an Individuen gesungen. Walt Whitman ist tot, und dennoch vibriert seine herrliche Stimme noch immer inmitten unseres Lebens. Das Lied der Kameradschaft kann und darf nicht sterben. Es ist ein grundlegendes Geschenk des Geistes. Es ist ein Segen, den wir mit reinem Herzen empfangen sollten, einem Herzen, das in ewiger menschlicher Jugend vibriert. Es ist an uns, in der Kunst des Zusammenlebens als Kameraden und Freunde zu Lehrlingen zu werden. An uns ist es, in der Morgendämmerung eines Zeitalters der Weltzivilisation und der Atombomben zu jeder Zeit in unserem alltäglichen Leben die Liebe, die große Liebe der Freunde auszustrahlen, denn wie hoch sich der Geist des Menschen auch erheben kann, so sind es doch das Herz und die Liebe der Menschen, in denen die unzerstörbare Grundlage eines schöpferischen Morgen ruhen. Kameradschaft ist die lebendige Substanz jeder Zivilisation, die dem Geist treu ist. Sie ist das Göttliche, das an der Wurzel der menschlichen Beziehungen singt.

Persönliche Integrität

Zur Zeit der Wintersonnwende erreicht die Tendenz zu kollektivem Handeln und einer Sozialisation von Gefühlen und Gedanken ihren Höhepunkt. Die Zivilisation − die Organisation von Allgemeinem und universellen Werten − siegt. Sie erscheint im durchschnittlichen Bürger riesiger sozialer Organismen − Städte, Staaten oder Föderationen −, in denen sich Rassen und Ideologien vermischen, wo einzelne Kulturen verlorengehen. Die Zivilisation erzeugt Standardisierung, sie sorgt für die Bedürfnisse, Impulse und Interessen, die den meisten Menschen gemeinsam sind. Und dennoch sind diese gemeinsamen menschlichen Faktoren in unseren Metropolen merkwürdig verzerrt, verkümmert und verniedlicht. Die Universalität des Denkens und Verhaltens, die man dort vorfindet, wurde auf Kosten einer Gleichgültigkeit, oder einer wirksamen Unterdrückung der Unterschiede und Gegensätze erreicht, die den Charakter und den Einsatz schöpferischer Kräfte stimulieren. Die Übertragbarkeit aller Werte der Zivilisation erfaßt jede Person und jedes Lebensalter, die Produkte der Zivilisation sind von Beliebigkeit gekennzeichnet, wie etwa der verwaschenen Sentimentalität von Schlagern und Kinofilmen. Selbst die Liebe des Menschen wird merkwürdig entindividualisiert und beliebig, was sich letztlich im Ideal des ›Pin-Up-Girls‹ manifestiert.

Zur Zeit der Wintersonnwende beginnt das Tierkreiszeichen des Steinbocks. Traditionellerweise ist es ein Symbol politischer Handlung, es kennzeichnet aber auch die Geburt Christi. Kaisertum und Christentum: die Organisation von reichen oder starken Bünden, und das Evangelium der unbesiegbaren Würde und Einzigartigkeit des menschlichen Individuums — wie tief und scharf ist doch der Gegensatz, welch ein bedeutungsvolles Thema für unsere Meditationen! Aber niemand kann diese Gegensätze der menschlichen Evolution wirklich lösen, wenn er nicht zu der Erkenntnis kommt, daß beim Menschen zwei grundlegende Arten der Aktivität in einem Zustand dynamischer Interaktion gleichzeitig vorhanden sind. Die eine davon bezieht sich auf die voranschreitende Entwicklung persönlicher und sozialer ›Lebensformen‹, die andere auf die transformierende und schöpferische Aktivität des Geistes, mit der der Geist auf die Bedürfnisse der abgebrannten und unangepaßten Teile der Menschheit reagiert, denn sie sind das Resultat dieser Entwicklung.

Im Sinne der Tierkreissymbolik entspringt die ›psychomentale‹ Ordnung bei der Sommersonnwende und im Zeichen des Krebses, der vom Mond beherrscht wird, die ›spirituelle‹ Ordnung aber entsteht während der Weihnachtsperiode im Zeichen des Steinbocks. Beide Formen des Handelns wirken während des ganzen Jahres, aber mit wechselnden und einander ausgleichenden Graden der Intensität. In jedem der zwölf Typen der ›menschlichen Natur‹, die durch die Grundmerkmale der zwölf Tierkreiszeichen definiert werden, können wir erkennen, daß die vom Geist erweckten und die psycho-aktiven Züge miteinander interagieren und sich auf jeweils verschiedene Weise im organischen oder sozialen Verhalten auszudrücken suchen.

In seinem psycho-mentalen Sein strebt der Mensch unablässig nach umfassenderen Formen der Organisation; aber dabei nimmt er immer mehr in sich auf, als er wirklich assimilieren und integrieren kann, und auf diese Weise wird er zum Opfer der Energien, die so lange undifferenziert oder verdrängt in seinen Tiefen ruhten. Die Organisation wird groß, sie wird kopflastig mit all den intellektuellen Verallgemeinerungen und standardisierenden Bestimmungen. Sie saugt Unmengen von Elementen auf, die nur oberflächlich dem integrativen Rhythmus des organisierenden Geistes entsprechen. Um sie zu kontrollieren, werden immer noch mehr Bestimmungen, mehr allgemeine Gesetze, mehr Formeln geschaffen, die sich auf nichts Bestimmtes beziehen, da sie sich auf alles im Allgemeinen beziehen müssen. Die überbewußte herrschende Elite verliert den wirklichen Kontakt zu den entwurzelten, aufgewühlten und fordernden, aber im Grunde unbewußten Massen; ihrer Ruhelosigkeit kann sie keine wirklich integrative Lösung bieten, sondern nur Beruhigungsmittel.

Dies ist nun also der Augenblick der größten Herausforderung für den Geist. Ein neuer Logos, ein neues ›Wort der Macht‹, ein neuer schöpferischer Sinn, eine neue Qualität der Menschlichkeit muß in das brodelnde Chaos jener Teile der menschlichen Natur und der Gesellschaft eingeführt werden, die durch die ausgeleierte und unmäßig verallgemeinerte ›Lebensform‹ eines Staates oder eines umfassenden Imperiums nicht integriert werden können. Der Geist muß mit neuem Schwung agieren und auf diese Weise die Massen eines sich auflösenden Organismus befruchten. Er muß darüber hinaus einen neuen Rhythmus, eine neue Ära einleiten, und zu diesem Zweck muß er sich in den wenigen Teilen des menschlichen Wesens verkörpern (oder auch in den wenigen wirklichen Individuen einer überzivilisierten Gesellschaft), die auf diese Herabkunft der befruchtenden Kraft und Vision zu reagieren wissen. Christus und seine Anhänger wurden aus dem römischen Imperium der Cäsaren geboren.

Im Steinbocktypus finden wir dieselbe heikle Balance der Kräfte, die das frühe römische Imperium charakterisierten. Damals waren neue Formen des persönlichen und sozialen Lebens herangereift, und der Schwung dieser Entwicklung zog eine ungeheure Masse menschlicher Substanz an sich, die im Grunde nicht assimilierbar war. Das kollektive römische Bewußtsein, das diese neuen Formen erzeugt hatte, mußte damit aufhören, denn zu sehr war es damit beschäftigt, das heterogene Material der Völker, Kulturen und Religionen zu organisieren, die es aufgesaugt hatte. Als Gegengewicht zu den Ergebnissen des römischen Bewußtseins mußte eine neue Schöpfung entstehen – eine Schöpfung des Geistes. Der Geist der christlichen Botschaft war eine Antwort auf das Bedürfnis der Millionen, die ins Reich eingegangen waren und dennoch die römischen Muster des sozio-kulturellen Lebens keinesfalls akzeptieren konnten, so sehr sie diesen Formen intellektuell und in ihrem äußeren Verhalten auch zustimmen mochten.

Diese Situation wiederholt sich zumindest teilweise in der heutigen Welt. Die anglo-amerikanische Demokratie hat politische und kulturelle Lebensformen geschaffen, die sich über die ganze Welt ausbreiten. Die Völker, die dieser absichtlichen oder beiläufigen und dadurch ebenso wirksamen Propaganda unterworfen sind, werden dazu aufgefordert, unser demokratisches Leben, das wir Amerikaner – zumindest in seinen grundlegenden Prinzipien – für das beste halten, zu akzeptieren und nachzuahmen. Und hinter der Aufforderung steht die Macht Amerikas, die in den Augen zahlloser Millionen durch die Atombombe symbolisiert wurde. Deshalb wird die Welt insgesamt in gleicher Weise eine Antwort finden müssen, wie die Länder des Mittelmeers und die germanische Welt dem Rom der Cäsaren antwortete.

Kann unsere Form der Demokratie den Bedürfnissen Asiens oder Afrikas gerecht werden? Hat sie die Bedürfnisse

Deutschlands, Italiens oder selbst Frankreichs nach dem Ersten Weltkrieg befriedigt? Die Kraft, aus der sich unsere demokratischen Institutionen und Lebensstile speisen, ist der typische Charakter unseres Volkes und unserer vergangenen Geschichte; was Großbritannien so lange stark gehalten hat, sind der Charakter und die Traditionen des englischen Volkes. Wenn man diese Institutionen nach Afrika oder Südasien exportiert, so wird das relative Chaos, das heute in diesen Ländern herrscht, nicht automatisch in Ordnung verwandelt, ebensowenig wie die römische Philosophie der sozialen Organisation wirkliche gesellschaftliche Ordnung nach Ägypten, Syrien oder in die Länder der Franken und Teutonen brachte.

Der Mensch ist im wesentlichen dreifach organisiert. Er trägt in sich ein psycho-mentales Leben, das aus kleinen Samenkörnern des Verhaltens und Denkens reife Formen eines individuellen Charakters aufbaut. Er hat darüber hinaus allerdings auch ein instinktives, physiologisches Leben wie auch halb verschmähte, von den Urahnen übernommene Traditionen in sich, und dies erfüllt ihn mit Verwirrung, widersprüchlichen Trieben, Unsicherheiten und unbewußten Ängsten, vor allem wenn die üppige Kraft der Jugend einmal verblaßt ist.

Dieses Chaos kann nur durch das bewußte Denken und seine individualisierten ›Lebensformen‹ geordnet und harmonisiert werden, vor allem dann, wenn sich das Individuum in eine Vielfalt von Lebensbereichen ausgedehnt hat und eine große Komplexität von Erfahrungen in sich aufgenommen, nicht aber assimiliert hat. Um wirkliche persönliche Integration entstehen zu lassen, ist ein Akt des Geistes vonnöten, eine göttliche Inkarnation in der ganzen Persönlichkeit. Es geht also nicht um bessere oder gründlicher organisierte Muster der Organisation — mehr Manager, mehr Bürokraten und stärkere Polizeieinheiten für das individualisierte Bewußtsein — sondern vielmehr um eine neue spirituelle Qualität, einen neuen Logos.

Die ›Lebensformen‹ des Individuums können nützlich sein. Zum Beispiel wissen wir, daß das römische Recht die Grundlage für die gesetzliche Ordnung der christlichen europäischen Welt wurde. Aber nicht die langsam gereiften Früchte des psycho-mentalen oder kulturellen Lebens, sondern der Rhythmus und das lebendige Beispiel des verkörperten Geistes regeneriert und integriert, prägt den grundlegenden Charakter der Ordnung und des Zweckes auf die zukünftige Persönlichkeit oder Gesellschaft. Nach fünf Jahrhunderten römischer Geschichte entwickelte sich nicht der römische Lebensstil, sondern das Evangelium Christi und die neue Qualität des Geistes, die Christus verkörperte und als Jesus demonstrierte.

Heute ist die Welt der Menschen wieder ein Chaos von sich auflösenden Kulturen, von religiösen und politischen Einheiten. Das anglo-amerikanische Bewußtsein mit seinen im wesentlichen europäischen und vor allem französischen Wurzeln hat einen Lebensstil, eine politische Struktur (wie etwa die allgemein nachgeahmte Verfassung) sowie ein demokratisches Muster von Rechten und kulturellem Verhalten hervorgebracht. Und dennoch haben weder dieses Bewußtsein noch seine Ergebnisse die Kraft in sich, das gegenwärtige Chaos in der Welt zu integrieren. Die Integration, die sich in den kommenden Jahrhunderten in der ganzen Welt ausbreiten muß, kann nur durch einen Schöpfungsakt des göttlichen Geistes, einen neuen Logos hervorgebracht werden, der neue Möglichkeiten des Menschen blitzlichtartig beleuchtet und neue Fähigkeiten aktiviert.

Und daß dies immer und in alle Ewigkeit stattfinden wird, ist die große Lektion, die die Menschheit und vor allem der Steinbocktypus lernen muß. Das Tierkreiszeichen Steinbock symbolisiert das Reifestadium sozialer Formen des kollektiven Lebens, das endgültige Ergebnis des menschlichen Geistes hat seine volle Entwicklung erreicht, aber auch der Imperialismus, sei er nun sanft oder grausam, der unausweichlich mit der Reife eines Individuums verbunden ist. Die Stufen auf dem Weg waren kollektive Expansion, Verallgemeinerung, Standardisierung, Legalisierung und Rationalisierung (alles Schütze-Eigenschaften). Im Steinbock kommt der Trend, der im Krebs begann und sich in den Frühlingszeichen des Tierkreises bereits andeutete, zu seinem umfassendsten Ausdruck.

Das römische Imperium ist das traditionelle Symbol der Erfüllung dieses Trends. Jeder Steinbock-Mensch hat in sich einen potentiellen Cäsar Augustus, wenn nicht einen Nero! In ihm lauert die politische Maschine der Römer, die Prokonsulen und die Macht der römischen Legionen, die eine sich auflösende und eine barbarische Welt, die Vergangene und die noch nicht Geborene in Schach zu halten suchten. Aber zu jedem Steinbock-Menschen mit all seinen Konflikten kann in der Nacht seiner Seele ein Christus kommen — das Licht, das das Chaos der Welt integrieren kann. Dieses Geschenk des Geistes, dieser Christ-Logos, stellt die grundlegende Antwort auf das Problem einer Menschheit dar, die die größte und effizienteste politische Maschine blind verehrt, die eine staatliche oder bundesstaatlich geordnete Zivilisation hervorbringen kann. Aber so blind der Mensch auch sein mag, in seiner Tiefe sehnt er sich immer weiter nach etwas, was kein soziales Organisationsmuster und keine geplante Gesellschaft jemals gewähren kann: die klare Erkenntnis eines jeden Individuums, daß es seine wesentliche Identität in sich trägt.

Im alltäglichen Leben könnte man eine solche Erkenntnis das Gefühl der persönlichen Integrität nennen, und davon leitet sich auch ein Gefühl persönlicher Verantwortlichkeit und eines individuellen Schicksals ab. Was auf diese Weise innerlich ›gespürt‹ wird, kann sich auf viele verschiedene Arten manifestieren. Es kann eine bewußte, vibrierende Erkenntnis, aber auch die dunkle Wahrnehmung der eigenen Identität oder inneren Göttlichkeit sein. Aber wo immer ein solch lebendiges Gefühl und Wissen um diese Eigenschaft der ›persönlichen Integrität‹ vorhanden ist, da ist auch der Geist am Werke: Gott hat gehandelt und Sein wunderbarstes Geschenk, Seinen ›Sohn‹ einer verwirrten und bedrängten Menschheit gebracht.

Dieser Akt des Geistes beschäftigt sich nicht mit der Bildung von sozio-politischen Institutionen oder mit den Gedanken und Gefühlen einer individuellen Person. In seinem wesentlichsten Aspekt befaßt sich der Geist nicht mit den kollektiven Mustern der Demokratie, mit Verfassungen und Wahlsystemen, genauso wie auch Christus sich nicht um die römischen Behörden kümmerte. »Gebt dem Kaiser was des Kaisers ist, und Gott was Gottes ist«, sagte der Galliläer. Die Lebensformen, die das soziale und persönliche alltägliche Leben strukturieren, gehören zum ›Kaiser‹ — das heißt, zum Staat oder Staatenbund, oder auch zum Ego, das bei allen Menschen die herrschende Kraft des sozial konditionierten bewußten Lebens ist. ›Gott‹ aber gehört das Geschenk des Geistes, jener göttliche Funke, der bei jeder wirklich individuellen Person das Gefühl persönlicher Integrität erweckt, beseelt und erhält.

Identität, Integrität, Selbst — das sind die Worte, die den Kern des Geistwirkens im Menschen berühren. Es sind Christi Worte, Äußerungen, die vor vielen Jahrhunderten neue Töne der geistigen Essenz, neue Melodien des menschlichen Lebens aus der Vorhölle der menschlichen Möglichkeiten erweckten. Diese Töne und Melodien haben sich der wichtigsten Lebens- und Institutionsformen des römischen Imperiums bedient, aber sie durchsetzten sie mit einem neuen Ziel und einem neuen Gefühl der universellen Heiligkeit der ganzen Menschheit jenseits des geographischen Raumes und der Jahrhundertgrenzen. Aber das Gefühl persönlicher Integrität transzendiert den Bereich der soziopolitischen oder psycho-mentalen Strukturen. Es kam in der alten römischen Elite und in den Sklaven, die sich in den Katakomben verbargen ebensosehr zur Geltung wie in einem Walt Whitman oder in einem Kämpfer der französischen Resistance, der den Sieg des Geistes über eine verbrecherische politische Maschinerie behauptete – oder in einem Gandhi.

Aber angemessene soziale Institutionen oder persönliche Muster des Denkens und Fühlens können es ermöglichen, daß das Gefühl persönlicher Integrität ausstrahlt, um das Gewebe der Zivilisation zu durchziehen. Dennoch wirkt die Ansteckung des Geistes oftmals stärker unter dem Druck eines feindlichen und unterdrückerischen politischen Systems oder sogar eines unkooperativen persönlichen Egos. Das trifft vor allem da zu, wo es um den konkreten Steinbock-Menschen geht: Denn dieser Typus erweist sich recht oft als ein Herodes, der bei der Nachricht der Geburt Christi zu Tode erschrickt, er gleicht einer bedrängten Herrscherklasse (womit auch das persönliche Ego gemeint sein kann), die sich hartnäckig an die Strukturen des Imperiums klammert.

Dieses Sich-Klammern an die sozialen Mechanismen der Macht (oder an die traditionell kulturellen und religiösen Lebensformen) wird ebensosehr durch spirituelle Taubheit wie auch durch psycho-mentale Trägheit verursacht. Der Mensch ist unfähig oder weigert sich, die Stimme des Geistes zu hören. Der Geist aber verkündet, daß alle Formen des Lebens Nichts sind, sofern sie nicht durch den Logos, die Botschaft der persönlichen Integrität durchzogen und begeistert sind. Abhängigkeit von ›freien Institutionen‹ garantiert keine wirkliche individuelle Freiheit. Menschen sind nur dann frei, wenn sie mit persönlicher Integrität und Verantwortlichkeit leben.

Und wie dringend braucht die Welt heute solche Erkenntnisse! Selbst in unseren eigenen Gremien der legislativen Exekutive wurden Stimmen laut, die unsere demokratischen Verfahrensweisen und Lebensformen auf alte Nationen und junge Gesellschaften aufpfropfen wollten, und viele Menschen glaubten, daß wir die ungeheure neue Macht monopolisieren könnten und sollten, die eine ganze Menge von Personen in unsere Hände gelegt hatte. Und selbst wenn in diesen Stimmen oftmals ein Ton väterlicher Wohltätigkeit mitschwang, und sie von der offensichtlichsten Grobheit des Imperialismus frei waren, so wiesen sie doch einen naiven Glauben an die Allmacht von sozialen Institutionen und Organisationsformen auf.[1]

Dieser Glaube ist eine Täuschung. Institutionen allein werden und können nicht Europa und Asien, aber auch uns Amerikanern nicht, wie wir vor kurzem erkennen mußten, den Frieden und das schöpferische Glück bringen, das die Menschen so verzweifelt brauchen. Notwendig ist vielmehr eine neue Befruchtung durch den Geist, ein neues Erwecken der spirituellen Kraft persönlicher Integrität im Herzen zahlloser Individuen, eine ansteckende Weigerung, sich auf Formeln oder Institutionen, auf irgendwelche Denksysteme und traditionelle Muster zu verlassen. Natürlich gibt es Lebensstile und soziale Verfahrensweisen, die mehr als andere den äußeren und kollektiven Ausdruck des Geistes persönlicher Integrität zulassen. Und diese sollten alle Menschen beobachten und sich aneignen, niemals aber für selbstverständlich halten.

Der Mensch ist fähig, Formen zu schaffen. Aber diese Formen sind Gefängnisse ohne die beseelende Kraft des

---

1 geschrieben im Herbst 1946

Geistes. Auch wenn sie erzwingen, so werden sie nicht integrieren können. Sie können eine dekadente Vergangenheit zerstören, wie die Atombombe Hiroshima, die Stadt der Lust und politischen Dekadenz, zerstörte. Aber sie können nicht das Leben von morgen in anachronistische Kulturen einhauchen. Unseren Glauben dürfen wir nicht in Verfahrensweisen oder in Situationen setzen, sondern vielmehr in die spirituelle Ansteckung unseres eigenen Beispiels. Wenn die Nationen ihre eigenen Lebensformen erschaffen und sich weigern, die unseren anzunehmen, so werden sie aus der Demokratie einen Segen machen, und sie werden gierig versuchen, unsere Demokratie nachzuahmen, wenn wir selbst die Demokratie im Sinne persönlicher Integrität und Verantwortlichkeit leben.

Dienen

Wir stehen an der Schwelle eines Zeitalters der Kraft; und Kraft kann nur dann auf humane Weise konstruktiv angewendet und zur Wirkung gebracht werden, wenn sie verwaltet wird. Die grundlegende Aufgabe der Menschheit im Laufe der zukünftigen Jahrzehnte und Jahrhunderte besteht deshalb in der Entwicklung eines Menschentyps, der imstande ist, die Verantwortung, die die Verwaltung von Kraft und Macht mit sich bringt, sicher und konstruktiv auf sich zu nehmen, und zwar für sich selbst als Individuum ebensosehr wie für die Gesellschaft als Ganzes. Und diese Verantwortung soll nicht nur für den eigenen Vorteil oder den der Gruppe übernommen werden, sondern zum Wohlergehen des Ganzen — diese Verantwortung soll frei, bewußt und freudig übernommen werden, so als ob Götter am Werk wären — und das muß die Art der Menschen von morgen sein, wenn die Menschheit überleben soll.

Dem symbolischen Muster zufolge, das aus dem fast 26 000 Jahre langen Zyklus der Präzession der Tagundnachtgleichen abgeleitet ist, steht die Menschheit nun an der Schwelle des Wassermann-Zeitalters und ist dabei, die 21 Jahrhunderte des Fische-Zeitalters abzuschließen, das höchstwahrscheinlich im Jahrhundert vor Christi Geburt begann. Wie immer, wenn ein neuer Zyklus, eine neue Religion, eine neue Haltung zum Leben, und ein neuer Menschentypus am Horizont der Zeit erscheint, erstrahlen diese neuen Phänomene in einem wunderbaren und außerordentlichen Licht. Aufgrund ihrer Neuheit verdichten sie die diffuse Erwartungshaltung all der Menschen, die mit der Gegenwart unzufrieden und angesichts der Vergangenheit ungeduldig sind. In ihnen werden alle Träume in Lichtstrahlen gebündelt. Sie kommen als Träger lange verheißener Gaben, als Herolde glücklicher und lange unterdrückter Botschaften.

Deshalb sind wir geneigt, alle Merkmale, die sich auf das Tierkreissymbol des Wassermanns beziehen, zu idealisieren. Wir vergessen, daß der Mann oder die Frau, deren Grundtypus durch diese Himmelshieroglyphe beschrieben wird, eine große Last zu tragen und eine schwere Verantwortung loszuwerden hat. Und die Last und die Verantwortung werden nicht immer bewußt übernommen und oftmals auch nicht erfolgreich abgelegt. Damit dies aber dennoch bewußt geschieht, ist eine bestimmte Eigenschaft des Geistes notwendig, eine Eigenschaft, die viele ungern zeigen, weil sie viel von dem verlangt, der sie verkörpert.

Ein kleines und vertrautes Wort, richtig verstanden, drückt das Wesen dieser spirituellen Eigenschaft aus: dienen. Die Menschheit des New Age kann ihrem hohen Geschick nur dann treu sein, wenn die Männer und Frauen, die die Wurzeln und Blüten dieser Zivilisation sein sollen, das Ideal des ›Dienens‹ erfolgreich in ihrem Leben und ihrer Philosophie verkörpern, wenn sie keinen größeren Ruhm erstreben, denn als ›Diener‹ der Menschheit bekannt zu sein – das heißt aber auch ›Diener Gottes‹, denn durch ihren Dienst an der Menschheit wird Gott erkannt werden. Und Er wird als Mensch erkannt werden.

Es heißt, daß Gott sich auf seltsame und wundersame Weise bewegt. Vielleicht gab es für Ihn keine bestürzendere und unverständlichere Weise, unsere Aufmerksamkeit auf die spirituellen Erfordernisse des zukünftigen Zeitalters zu lenken (das im Samen schon vorhanden ist), als das Tor zum

Morgen durch die explosive Entfesselung der Atomenergie aufzustoßen. Diese Explosion über Japan hat die Sensibilität vieler guter Menschen erschüttert. Das traf auch auf Jesus zu, der die Kaufleute aus dem Tempel vertrieb. Auch dies war ein Schock für viele ›gute‹ Menschen unter den Juden.

Gott oder der Geist respektiert weder Güte noch Gefühl. Was geäußert werden muß, was offenbart werden muß, wird verwirklicht. Der Mensch Gottes nimmt das Kreuz auf sich, damit dadurch die Wahrheit des herannahenden Zeitalters dramatisiert und in die Seelensubstanz einer neuen Menschheit eingeflößt wird. Wenn die Menschheit eine Atombombe braucht, die die Herankunft des Geistes eines neuen Zeitalters ankündigt und die Botschaft dieses Geistes ins menschliche Bewußtsein einbrennt, dann wird Gott, der Gott des Wirbelwindes und des brennenden Dornbusches, Seine Anwesenheit dadurch verkörpern, daß er in schrecklicher Majestät aus dem Atomkern hervorschreitet.[2]

Wie werden wir diesem Gott der Kraft begegnen? Wie werden wir der Herausforderung der Atomkraft begegnen? Wie können wir der Tatsache ins Auge blicken, daß wir Bürger der Vereinigten Staaten die einzige Nation bilden, in der sich riesige Reichtümer und Überschüsse angehäuft haben, während gleichzeitig überall sonst auf dieser Welt menschliche Wesen Not leiden und oft an Hunger und Kälte sterben? Wie verstehen wir unsere Funktion als Verwalter dieser schrecklichen Kraft und dieses ungeheuren Reichtums, der in unseren Händen liegt? Sollen wir versuchen, unseren Willen und unsere Vorstellungen einer widerstrebenden und unwilligen Welt aufzuzwingen, oder sollen wir als ›Diener‹ der Menschheit uns so verhalten, daß sich Herz und Verstand der Menschen auf der ganzen Welt uns in Dankbarkeit und neuer Hoffnung zuwenden?

---

2 Dies wurde im Jahre 1946 geschrieben.

Die Antworten auf diese Fragen hängen nicht von Gefühl, Idealismus oder Güte ab, oder von dem jeweils entsprechenden Mangel. Nur indem wir dem Wort ›Sittlichkeit‹ einen weiteren Sinn verleihen, als normalerweise üblich ist, können wir sagen, daß die Herausforderung dabei eine moralische Herausforderung ist. Es ist eine Herausforderung, die an Menschen gestellt wird, die Macht haben und zu Instrumenten Zugang, die diese Macht auch entfesseln können — ebenso wie das Kreuz eine Herausforderung an einen Menschen war, in dem sich Gott aufgrund seiner Göttlichkeit manifestiert hatte.

Jeder, der nach Macht um der Macht willen strebt, oder auch um sie für sich einzusetzen, ist bereits auf der Straße zur Zerstörung. Die Macht kann nur denen heilsame Früchte bringen, die sie für das Ganze bewahren, und mit ihr dem Ganzen dienen. Ein Monopol auf die Macht in jeglicher Form kann letztendlich nur zur Selbstzerstörung führen.

Die Menschen müssen diese Lektion noch sehr gründlich lernen. Aber sie werden sie nur dann lernen, wenn die Möglichkeit der Selbstzerstörung nicht mehr so fern und undeutlich erscheint, wenn die Kraft so schrecklich und die Reaktion auf jeden Versuch der Monopolisierung oder Verwendung für Profit und imperialistische Expansion so schnell ist, daß die Menschen sich von innen zu einer Haltung des Dienstes am Ganzen gezwungen fühlen. Der Geist zwingt nicht, aber Tatsachen tun es. Deshalb ist es notwendig, daß die Tatsachen so zwingend werden, daß die Menschen schließlich erkennen, daß alle Macht aus dem Ganzen stammt, zum Ganzen gehört. Individuen wird sie nur zu dem Zweck anvertraut, ihre Freisetzung mit scharfer und spezialisierter Tatkraft im Dienste des Ganzen zu verwalten.

Dieses Thema reicht weit über die militärische Verwendung von Atombomben in der einen oder anderen Form hinaus. Zumindest auf lange Sicht ist die Gefahr der unkontrollierten und monopolistischen Verwendung von Atomenergie in den Händen riesiger Konzerne ebensogroß wie in den Händen einer angreifenden Armee. Wenn eine Nation zu ihrem eigenen Vorteil oder für ihre Sicherheit die Entfesselung der Atomkraft kontrollieren könnte, so würde das Verbrechen gegen den Geist trotzdem kaum geringer. Aber eine solche Zurückhaltung der Macht ist unmöglich, es sei denn für eine sehr kurze Zeit — das wissen wir! Alles, was im Grunde menschlich ist, fließt aus der gemeinsamen Wurzel unserer Menschlichkeit in die Myriaden von Kanälen, die durch Wille, Vision und Geschicklichkeit mutiger und scharfsinniger Menschen überall geöffnet werden. Aber die ersten unter ihnen haben die unvergleichliche Gelegenheit, als Gefäße für das ursprüngliche und zeugende Herabfließen des schöpferischen Geistes zu dienen — und daraus kommt alle Kraft auf Erden wie im Himmel.

Dieses Herabfließen des schöpferischen Geistes ist das wesentliche Merkmal des neuen Zeitalters, das die astrologische Signatur des Wassermanns trägt. Die Hauptaufgabe der Menschen, bei denen diese Signatur in ihr individuelles Selbst eingeprägt ist, besteht darin, die Fähigkeit der Freisetzung jener Macht zu erlangen, die von den höchsten Höhen, sei es physisch oder psychologisch, herabfließt. Und nicht um des Gewinnes willen soll sie freigesetzt werden, sondern um zu dienen, wie auch das Herz das Blut freisetzt, das in die linke Herzkammer hineinflutet, damit der ganze Körper mit lebensnotwendigem Sauerstoff und den starken chemischen Stoffen der endokrinen Drüsen ernährt wird.

Die Fähigkeit zur Freisetzung der Macht im Dienste des Ganzen zu gewinnen, bedeutet, daß man psychologische Reife erreicht. Und der größte Feind der Reife ist die Angst. Nur die Angst hält den Heranwachsenden an kindliche Haltungen gefesselt. Nur die Angst hält die Nationen und die offiziellen und inoffiziellen Herrscher der Nationen von der Erkenntnis ab, daß die Menschheit als Ganzes der einzige Bezugsrahmen ist, in dem die Leistungen einer jeden Nation sinnvoll werden und ihren ganzen menschlichen Wert gewinnen. Angst erzeugt Aggression und quält das Bewußtsein der Menschen – es ist die Angst, aber auch das nagende Gefühl der Frustration, das immer mit der Angst verbunden ist und Verzweiflung und schließlich Selbstzerstörung erzeugt.

Mit dem Eintritt in das Wassermann-Zeitalter sollte die Menschheit die Schwelle ihrer Reife erreichen. Reife ist die Fähigkeit, die vom Menschen stammende Macht effektiv zu verwalten und als echter Diener der großen menschlichen Gesellschaft deren Vertrauen zu rechtfertigen. Es ist gesagt worden, daß die Zukunft den ›Managern‹ gehört. Nur wurde nicht erkannt, daß das spirituelle Problem für alle von uns darin besteht, ob diese Manager herrschen wollen oder es akzeptieren zu dienen. Werden sie eine neue Kaste von Autokraten bilden, oder einen riesigen ›Civil Service‹, der sich der Wohlfahrt einer weltweiten Gesellschaft widmet?

Das ist die Frage, um die es geht, und die in den nächsten zwanzig Jahrhunderten, oder zumindest im Kern während der nächsten fünfzig Jahre gelöst werden muß. Und es betrifft in erster Linie die weißen Menschen der westlichen Welt, denn sie haben das Geheimnis der universellen Macht und die Fähigkeit, sie einzusetzen, erlangt, entweder als gierige Eigentümer oder als geheiligte Diener. Dies ist ein Dilemma, vor dem jeder wassermannbetonte Mensch, gleich ob Mann, Frau oder Kind steht, und in jedem menschlichen Wesen ist eine Spur des Wassermann-Prinzips vorhanden. Ja es ist sogar das größte menschliche Dilemma, denn der Mensch ist jenes geheimnisvolle Wesen, das von Konflikten, Ängsten und Hoffnungen erfüllt ist, und wählen muß, wie es die Kraft einsetzt, weil es wählen kann.

Wir haben von der Atomkraft gesprochen, weil der Mensch mit ihr schließlich an der Kraft der Wurzeln der Welt, dem Atom und den Sternen angelangt ist; und die Herausforderung dieser Kraft ist an uns gerichtet, und wir haben die unmittelbare und unaufschiebbare Wahl zwischen menschlicher Reife oder der Zerstörung des Menschen. Aber auch frühere Zivilisationen wußten, wie sie die Wurzelkraft in der einen oder anderen Weise anzapfen konnten. Die Yogis des alten Indien hatten ihre Methoden, um die Wurzelkraft, die an der Basis des menschlichen Bewußtseins und der menschlichen Evolution liegt, zu erwecken. Auch sie mußten wählen, auf welche Weise sie die Kraft verwenden wollten, sobald sie einmal entfesselt war.

Der Hauptunterschied in diesem Wassermann-Zeitalter liegt darin, daß die Menschen aller Erdteile nun der Yogi sind, und nicht nur einige wenige mutige Individuen, die entweder ein Leben der Heiligkeit oder der sinnlosen spirituellen Selbstsucht führen. Nun wird über die Menschheit geurteilt. Die Menschheit als Ganzes muß sich individualisieren, sobald sie einmal eine ›organische‹ Position in weltweitem Maßstab erreicht hat. Der transzendente Gott der Höhen wird zum Mensch, dem Gott der Tiefen. Werden wir diesem menschlich gewordenen Gott durch die geheiligte Verwendung der Wurzelenergie des Atoms und der Sterne dienen, oder werden wir die neugeborene Göttlichkeit des Menschen zerstören, indem wir als Individuen oder als Gruppe von der schrecklichen Offenbarung der Kraft profitieren, die überall in den riesigen Räumen des Universums vorhanden ist und dennoch nirgendwo außer im Bewußtsein des Menschen?

Eine folgenschwere Entscheidung! Sowohl individuelle Personen als auch Nationen müssen sie fällen. Es ist eine ›Wassermann‹-Entscheidung, weil es ganz wesentlich im Bereich des Wassermann-Typus und seiner charakteristischen

Haltung zum Leben liegt, eine solche Entscheidung zu treffen. Wenn wir den sozial eingestellten, vielleicht übereifrigen, idealistischen oder selbstgerechten Reformertypus betrachten, der die Züge des Wassermanns aufweist, sind wir geneigt, ihn oder sie als außergewöhnliche Charaktere zu sehen, in deren Händen die Zukunft der Welt sicher aufbewahrt wird. Vielleicht wünschen wir uns, daß es mehr von diesen Menschen gäbe. Und dennoch müssen wir erkennen, daß sie in den meisten Fällen ihre große Prüfung erst noch bestehen müssen, wie auch wir Amerikaner kollektiv und als Nation unsere größte Prüfung noch bestehen müssen.

Während der Jahrzehnte, in denen unsere Nation immer mächtiger und dennoch im tiefsten Sinne ziellos wurde, waren wir tatsächlich damit konfrontiert. Im großen und ganzen waren wir tatsächlich ziellos insofern, als wir hauptsächlich damit beschäftigt waren, in zunehmendem Maße den Status quo auszudehnen und unseren Reichtum und unsere Institutionen zu genießen, die ihre grausamste Prüfung erst noch bestehen müssen. Und wir sind noch immer ziellos, da wir in einer Welt, die durch die Entfesselung einer jenseits aller Vorstellungen liegenden Kraft durchpflügt wird, noch immer nicht entschieden haben, was wir mit dieser Kraft letztlich anfangen wollen. Als wir sie für die Verwendung und zwar für jegliche Verwendung entfesselten, haben wir unsere Verantwortung gegenüber der Menschheit und Gott nur oberflächlich verstanden.

Der Wassermann – der symbolische Mensch des Tierkreises – trägt auf seinen starken Schultern einen Krug, der mit Wasser gefüllt ist. Aber dieses Wasser kann für ihn, der die Gabe trägt, sowohl Leben als auch Tod bedeuten. Denn wenn der Mensch nicht in seiner eigenen Seele die Taufe bekommen hat, die es ihm unmöglich macht, das Wasser zu trinken und die Erde dursten zu lassen, so möge Gott ihm gnädig sein! Viele werden in Versuchung geführt, und sehr wenige wählen das Kreuz. Viele kennen Techniken und Verwaltungsmethoden, aber nur wenige haben ihrem Gott auf die entscheidende Frage geantwortet: Wozu?

Wie die Hand dem Gehirn dient, so sollte auch der Manager dem spirituellen Sinn der neuen Menschheit dienen. Der ganze Idealismus, die ganze Güte der Menschen, ja ihre ganze traditionelle Sittlichkeit, wie auch ihre religiösen Gebräuche können zu einem Nichts schrumpfen, wenn eine Machtkrise droht. Was wir brauchen, ist ein spiritueller Sinn. Individuen müssen sich des evolutionären Zieles bewußt werden, das die Menschheit in naher Zukunft erwartet, sie können es ›Gottes Plan‹ nennen, wenn sie wollen. Was wir brauchen, ist die totale Identifikation der menschlichen Vorstellungskraft und des menschlichen Willens mit diesem Ziel und dem Glauben, durch den diese Identifikation wirkt.

Arbeit und Verwaltung, das sind die unmittelbaren Erfordernisse des Wassermanns. Die Macht ist vorhanden, direkt vor uns. Sie ist schrecklich und furchterregend. Sie muß eingesetzt werden, ihr Einsatz muß verwaltet werden, und die Menschen des New Age werden wissen, wie sie sie verwalten. Aber mit welchem Ziel? Wenn wir für die Stimme des schöpferischen Geistes in uns offen sind, kann es nur eine Antwort geben: dienen. Der Wassermann-Mensch in uns allen muß jene edle Stufe der menschlichen Entwicklung erreichen und zum ›Diener‹ werden. Die Menschheit ist der Große Weise. Er muß mit Kraft gefüttert werden, und diese Kraft muß einen Sinn erhalten. Und es kann nur einen wirklichen Sinn, nur ein wirkliches Ziel geben: Frieden.

Sinn, Kraft und Frieden. Wer eines von den dreien ausläßt, wird sich in späteren Jahrhunderten als weniger erweisen als ein Mensch. Von allen von uns, die das Recht des Überlebens in diesen tragischen und wunderbaren Jahrzehnten des Todes und der Wiedergeburt für sich beanspruchen, wird gefordert, daß wir alle drei in unserem persönlichen und gemeinschaftlichen Leben verkörpern. Und das ist die neue Inkarnation.

Da wir für ihre glanzvolle Enthüllung so lange blind gewesen sind, mußten wir die Kraft in der Umarmung des Todes erleben. Aber der Tod kann Befreiung sein, wenn er dem höheren Sinn treu ist und von Frieden kündet. Wir schrecken nur deshalb vor dieser Haltung zurück, weil wir noch nicht verstanden haben, wie wir mit Macht umgehen, wie wir sie verwalten. Deshalb sind wir von der Macht überwältigt. Wir schlagen Alarm, erschüttern den Himmel, ganz einfach, weil wir Angst haben. Und Angst haben wir deshalb, weil unsere Vision vom Sinn des Menschen und des lebendigen Gottes in unserer eigenen Person so dünn, schwächlich und bedeutungslos ist! Wir wissen, daß wir durch das Fehlen von Vision, Sinn und Glauben verdammt sind. Wir heften uns an die Macht, oder an die Liebe, die ebenso Macht ist, weil wir für das Potential der morgigen Zeit blind sind.

Macht ist nicht dazu da, sich an sie zu klammern, und dasselbe gilt auch für die Liebe. Macht und Kraft muß eingesetzt werden, Liebe muß eingesetzt werden und das Leben muß eingesetzt werden. Alles, was wir berühren, fühlen, erfahren können, ist dazu da, daß wir es verwenden, daß wir damit umgehen. Und unser Umgang damit muß einem echten, wirklichen, göttlichen Sinn dienen, ganz einfach deshalb, weil nur ein solcher evolutionärer Zweck sinnvoll ist. Was nicht zu immer größerer, tieferer, edlerer, umfassender schöpferischer Aktivität vorwärts geht, ist sinnlos. Und jegliche Vorwärtsbewegung verlangt danach, daß diese Kraft angerufen, eingesetzt und weise verwaltet wird.

Haben wir Angst vor mehr Macht? Sträuben wir uns wirklich davor, Kohlenstaub gegen neue und nicht verschmutzende Arten der Energie, Kartelle gegen Frieden, nationalen Egoismus gegen erdumspannende Organisation, Sklaverei gegen bewußten Dienst auszutauschen? Jedes Individuum, jede Gruppe wird für immer danach beurteilt, wie es Macht einsetzt, wie es mit Kraft umgeht. Wir werden heute entsprechend unserer kollektiven Weigerung, unser Leben und unsere Zivilisation zu transformieren, beurteilt, und dennoch ist die Transformation notwendig, um den neuen Horizonten zu begegnen, die diese neue Kraft aufgerissen hat.

Die Tore des New Age sind aufgesprungen. Menschen mit geringem Glauben können durch den klaffenden Raum nur den Schrecken des Todes sehen. Aber für diejenigen, die im Herzen und im Geiste die Verantwortung für die Gestaltung der Zukunft auf sich genommen haben, die die Freude und das Martyrium, das mit einem wirklichen Dienen der Welt einhergeht, akzeptiert haben, biegt sich der Raum himmelwärts und wird zu einer Stufe. Am Ende der Treppe ist Gott, der Mensch geworden ist. Und dieser Mensch trägt auf seinen Schultern den Krug mit unendlicher Kraft, wie Jesus einstmals sein Kreuz trug. Und dieser Mensch gießt so verschwenderisch über alle, die es brauchen und ersehnen, Freude, Reichtum und Fülle aus. All das können wir erlangen, wenn wir es nur wagen, die Herausforderung der Macht und des Friedens anzunehmen — und dann wird unser ganzes Wesen im Dienst am Ganzen seine Lieder erklingen lassen.

Mut

Konnte der Geist den Menschen der ›Letzten Tage‹, deren Wesen auf das Ende von Zyklen eingestimmt ist und die tiefer Herausforderung des Dämmerlichts zwischen Nacht und Tag, Winter und Frühling in sich tragen, ein großzügigeres Geschenk verleihen, als die Fähigkeit, die Auflösung aller Dinge und den Druck der Erinnerungen, des Bedauerns und der Verärgerung zu überwinden? Dies ist die Kraft, in einem neuen Tag wieder aufzutauchen. Welches Geschenk könnte größer sein als die Verleihung von Mut!

Es ist leicht, die Bedeutung der letzten Augenblicke aller Zyklen zu romantisieren und sich von dem neptunischen Schimmern verzaubern zu lassen, das so oft mit der Symbolik der Fische, dem letzten Winterzeichen des Tierkreises identifiziert wird. Psychische Empfänglichkeit und Aufnahmefähigkeit für das Unbewußte, grenzenloses Mitgefühl und die ekstatische Offenheit des Mystikers für das Unbekannte im Jenseits sind einige der Merkmale des Fischetypus. Aber wenn man diese transzendenten und flüchtigen Charakterzüge betont, die eher Folgeerscheinungen als grundlegende Eigenschaften sind, so kann man leicht die durchaus konkreten und unvermeidbaren Konfrontationen übersehen, die bewußte und denkende Menschen des Fische-Typus erfahren können. Denn ihr Temperament macht sie außerordentlich empfindlich für die Probleme, die sich in Zeiten des Übergangs und der Erneuerung auftürmen.

Alle Übergänge, die sich unter der Symbolik der Fische einstellen, sind mögliche Reiserouten zwischen Tod und Wiedergeburt und nicht nur eine Flucht in täuschende Paradiese oder ein Verschwinden in Reiche spiritueller Auflösung und phosphorisierenden Glanzes. Während dieser Übergänge besteht die große Aufgabe intelligenter und wirklich individualisierter Personen darin, die Schwerkraft der Vergangenheit und die Bindung an Erinnerungen der Enttäuschung und des Schmerzes (dem Stoff des menschlichen Unbewußten), wie auch Erinnerungen an frühere Leistungen und Größe zu überwinden. Es gibt nur eine große Aufgabe: ›Befreiung‹ und den Eintritt in das Neue. Aber Befreiung ist ein tragischer Prozeß, in dessen Verlauf sich das individuelle Ziel gegen die Trägheit der kollektiven Tradition zu stellen hat.

Es entspricht der Wahrheit, daß der Fischetypus, eben weil er normalerweise mit Bilanzausgleich und Rückblick belastet ist, dazu neigt, sich mit der Ernte des zu Ende gehenden Zyklus zu befassen und immer und immer wieder zur Vergangenheit zurückzukehren. In manchen Fällen strebt er nach Verständnis oder Buße, in anderen zeugt sein rückwärts gerichteter Blick von der Unfähigkeit loszulassen und sich aus dem Netz der angenehmen wie auch schmerzhaften Erinnerungen zu befreien.

Aus dieser Vergangenheit sind Samen hervorgekommen, die in ihrem schwangeren Kern das Geheimnis der morgigen Zeiten enthalten. Um dieser Samen und des zukünftigen Lebens willen muß das Individuum das trennende Schwert zwingen. Es ist das Schwert, das Jesus der Menschheit gebracht hat. Das Schwert ist schwer, und die zahlreichen Gespenster, die aus dem Unbewußten emporschwärmen oder sich zum schrecklichen Erscheinen des ›Schwellenwesens‹ zusammendrängen, sind grausame Feinde. Das Temperament der Fische ist ein Schlachtfeld.

Der Nazarener ist zu uns nicht mit der Gabe des Friedens gekommen. Er kam, um uns Glauben zu geben, eine Grundlage für das Morgen, einen Weg zum Sieg über das Unbewußte, mit all seinen Ritualen, automatischen Abläufen und Brüchen. Er kam unmittelbar aus dem Herzen des Geistes, um uns Mut zu geben, den Mut, nutzlose Körper und Kulturen zu zerstören und in eben diesem Akt das uralte Gesetz zu erfüllen, das diese Verkörperungen geistiger Vision einstmals hervorgebracht hat. Den Mut auch, um die Verantwortung für die Geburt einer neuen Zivilisation zu übernehmen, selbst wenn dies bedeutet, den Samen zugunsten des Keimlings eines neuen Lebens zu opfern.

Ein solches Opfer ist kein Tod, sondern vielmehr das Lösegeld der Unsterblichkeit. Die abgetragene Robe − die goldenen Blätter des Herbstes und ihre leuchtende Schönheit − muß weggeworfen werden, um als Humus die keimende Saat während des Wachstums zu nähren. Wirklich, die Wälder des Spätherbstes sind bestechend schön. Im Unbewußten eines Menschen, der mit Adel und Erhabenheit seine zyklische Aufgabe erfüllt hat, ist großer Friede und große Schönheit vorhanden. Aber der Geist bringt den Menschen mehr als Schönheit und Frieden. Er bringt Weihnachten und das Schwert, das alles abtrennt, was veraltet ist und von nutzlosen Bindungen und Erinnerungen zeugt: Es ist das Schwert und der Mut, es ohne Angst zu schwingen.

Die Botschaft der Fische (und des Christentums) ist eine Botschaft der Befreiung. Befreiung des Geistes war das Thema des Buddhismus, die Befreiung vom Ego und dem Willen war die Botschaft von Jesus, der das Erbe der alten Überlieferung Zarathustras und der hebräischen Propheten antrat. Und dennoch kann der Geist dem Menschen die Befreiung nicht als Geschenk anbieten. Freiheit muß gewonnen werden. Der spirituelle Lehrer gibt seinen Anhängern das Schwert, aber nur das Individuum selbst kann es einsetzen und sich befreien. Nur der Mensch selbst kann seine Vergangenheit in Samen und Kompost verwandeln und den Tod verwenden, um die Erneuerung des Lebens zu mehren. Er allein kann die verdauten Inhalte aus seinem eigenen Unbewußten und dem seiner Rasse assimilieren, er allein kann die Unsterblichkeit gewinnen, da er den Mut gehabt hat, hinter und durch den drohenden Schatten des irdischen Daseins nach seinem unsterblichen Selbst zu suchen.

Die Vision des Selbst (und des universellen Seins) verlangt vom Menschen Mut, wie all jene, die Indien das Bhagavat Gita schenkten, sehr wohl wußten! Aber nur passiv zu sitzen und auf Einblicke in das Unbekannte zu warten oder gefühlvoll in selige Pseudo-Nirvanas übersinnlicher Zustände zu flüchten, verlangt keinen Mut. Dennoch ist die positive spirituelle Essenz des Fische-Temperaments der Mut. Der Tod muß zerstört werden, bevor das Leben leben kann. Ohne Trennung kann es keine Wiedergeburt geben. Ohne die Bereitschaft, als ›Adam‹ zu sterben, kann es keine Verkörperung des ›Christus‹ in der ganzen Person geben.

Die Samen aus der Vergangenheit müssen allerdings bewahrt werden, aber nur wie Samen, also die Quintessenz, die spirituelle Ernte. Alles andere muß abgeschnitten und aufgegeben werden. Spirituelles Leben ist ein Durchbruch, durch die Phantasmen der Natur zum Kern des Selbst, durch ›astrale‹ Desintegration zu der Offenbarung dessen, was sich selbst treu bleibt, während die Zyklen wie die Wogen des menschlichen Ozeans heranfluten und zurückweichen.

Das große Bedürfnis des Fische-Temperaments ist die Fähigkeit auszuharren. Ausharren heißt, auch unter dem Eindruck der zyklischen Auflösung aller Dinge sich selbst treu zu bleiben, und kein Mensch (und keine Nation) kann während des Auflösungsprozesses am Ende eines Zyklus ausharren, wenn er nicht Glauben und Mut hat. Mut gegenüber der Vergangenheit — Glauben an die Zukunft. Diese beiden Tugenden hängen miteinander zusammen wie Mann und Frau. Der Mann reißt die Schleier weg, die von den Energien des Unbewußten gewoben wurden, und die Frau sieht in ihrer Vision bereits das archetypische Bild der zukünftigen Zeit.

Ohne Vision kann es keinen Glauben geben. Glaube ist die dynamische Wirkung der Vision auf den menschlichen Willen, die durch die scharfe Erwartung des vorgestellten Zieles geeint und mobilisiert wird. Die ›Vision‹ ist nicht immer voll und ganz bewußt, sondern vielmehr aus jenem Stoff gewoben, aus dem die Träume sind! Oftmals kann der Verstand das Ziel noch nicht klar in Worten oder Mustern formulieren, und dennoch muß das innere Geschehen (die Befruchtung der Seele durch die Kraft des neuen Zieles) bereits stattgefunden haben, wenn der Glaube ungeachtet aller Gefahren und Schwierigkeiten auf dem Weg vorantreibt.

In seinem großartigen Buch ›Flug nach Arras‹ schrieb St. Exupéry: »Wir waren über die Niederlage hinweggesprungen. Wir waren über ihr, wir waren jenseits von ihr, als Pilger waren wir stärker als die Wüste, durch dieses Sichvorankämpfen, denn in ihrem Herzen haben sie bereits die heilige Stadt erreicht, der sie zustreben.« Die Kraft des Menschen der ›Letzten Tage‹ besteht tatsächlich darin, daß er in seinem Herzen sein Ziel bereits erreicht hat. Jesus war stark genug, um die Kaufleute aus dem Tempel zu vertreiben, da er in seinem Herzen den Vater bereits erfahren hatte. Der vor 100 Jahren gemarterte persische Prophet Al-Bab hatte die Kraft, sich der fanatischen islamischen Welt entgegenzustellen, und das Zeitalter des Islam für beendet zu erklären, weil er in seinem Herzen bereits den ›Glanz Gottes‹ gesehen hatte, und er kündigte ihn in der Person seines Nachfolgers Baha'u'llah an.

Jedes große Individuum, das am Ende eines Zeitalters geboren ist, wird zum Mitarbeiter des schöpferischen Geistes, wenn es das Schwert der Trennung von den Geistern der Vergangenheit mit der Kraft des Glaubens schwingt, die aus einer Vision des neuen zyklischen Zieles entspringt. Jeder göttliche Gesandte ist ein Revolutionär, da er einen neuen Zyklus in Gang setzt. Er lebt am Ende der Dinge und gehört dennoch nicht zu ihnen. Sein ›Herz‹, sein Sinn und Zweck liegt in der Zukunft.

Er schreitet über die Grenzen der Zyklen hinweg, er schließt ein Tor, indem er ein neues öffnet. Dies tut er mit einem einzigen Schwung seines spirituellen Schwertes, denn dieses Schwert befruchtet, noch während es zerstört. Das ist der ewige Weg des Geistes.

Wenn man dem Rhythmus des Geistes entsprechend lebt, so erlebt man jeden Augenblick so, als ob sich in ihm das Ende eines Zyklus zur Geburt einer neuen Zukunft verwandelte. Das heißt, man lebt in einem ständigen Prozeß des Keimens. Doch leider gibt es nur allzu viele spirituelle ›Samen‹ (Geister und Egos von Menschen), die sich weigern zu keimen, die um jeden Preis ihre äußere Identität bewahren wollen, und in einem auf sich selbst gerichteten Willensakt die Vergangenheit zu einem unveränderlichen Vergnügen ihres eigenen Seins erstarren lassen und auf diese Weise ungeheure Kräfte an sich ziehen. Es gibt auf Erden mächtige Menschen, die sich an ihre geistigen Strukturen, ihr Prestige und ihre sinnlichen oder intellektuellen Besitztümer klammern, und die sich mit einem Fanatismus, der aus Angst entspringt, den großen Gezeiten des voranschreitenden Lebens widersetzen. Auch diese Menschen entfalten manchmal großen Mut, denn es verlangt Mut, sich gegen die Evolution zu stellen und dem Willen Gottes zu widersetzen. Aber welch ein blinder, welch ein verzweifelter und tragischer Mut ist das!

Den Mut, den der Geist verleiht, kann man immer daran erkennen, daß der Mensch, der ihn einsetzt, immer bereit ist, das Geringere zugunsten des Größeren, das Ausgrenzende zugunsten des Einschließenden, das Gestern zugunsten des Morgen loszulassen. Wirklicher Mut ist aus Vertrauen geboren. Er ist das Lied der schöpferischen Kraft und des unumstößlichen Glaubens an den Frühling, wenn auch der Nordwind noch so scharf bläst und von einem unvermeidlichen Tod künden mag. Aber der Tod ist niemals unausweichlich. Der Tod kann noch in der Agonie die neue Geburt, die Mutter des neuen Lebens enthalten. Der Tod ist nur eine Verwandlung, und alle Verwandlungen sind für die Menschen nur das, was sie daraus machen, sei es durch ihren Glauben oder durch ihre Ängste. Und der Glaube ist vom Mut nicht zu trennen.

Es verlangt Mut, sich der Finsternis und dem Schrecken der Schlachtfelder zu stellen, sich durch den Tanz des Todes nicht aufhalten zu lassen und zwischen Weinen und Klagen noch immer die ›kleine Stimme‹ zu hören, deren magische Obertöne im Geiste die Vision neuer Ziele erweckt. Ebensoviel Mut erfordert es, diesen Ton und das einmal wahrgenommene Bild in den Tagen nach dem Ende der Schlachten nicht zu vergessen. Denn dann wird noch immer ein Konflikt zwischen gegensätzlichen und verwirrenden Ansprüchen toben, und das Gefühl für das Morgen scheint verloren hinter der Angst oder Sturheit von Menschen, die, unfähig zu glauben, mit versteinertem Verstand gegen das Schicksal hämmern, das sie selbst erzeugt haben.

Aber wenn tatsächlich Mut vorhanden ist, dann weicht die Finsternis zurück, und ein großes Schwingenpaar schlägt über einem Himmel, der vom heraufdämmernden Licht reingewaschen wird. Es sind die Schwingen des Geistes. Sie kündigen den Frühling an. Der Mensch erhebt sich, der Mensch ist schöpferisch. Sein ganzes Wesen ist eine

Harfe, die unter dem rhythmischen Eindruck des Geistes vibriert. Alle Bedürfnisse sind erfüllt, der Mensch ist ganz. Und in der Harmonie dieses ganzheitlichen Seins erlebt er den Frieden. Aber es ist nicht irgendein unverständlicher Friede, sondern jener Friede, der aus Verständnis entspringt, in dem alle Namen und Kräfte, alle Geschenke und Tugenden ihren Platz und ihre Anwendung finden.

Es ist tatsächlich der Größte Friede, von dem der Prophet sprach. In diesem Frieden sind alle Konflikte aufgehoben, alle Übergänge haben sich in Christ-Geburten aufgelöst. Das göttliche Potential eines jeden Menschen hat sich zur höchsten Note der glorreichen Verwirklichung erhoben. Denen, die keinen Glauben haben, erscheint es als das ›tausendjährige Reich‹, und sie lächeln, während sie das Wort aussprechen. Für andere ist es die Wirklichkeit: die Wirklichkeit, die geschaffen, gewonnen, gesungen und gelebt wird.

Das
größte Geschenk

Wenn wir einmal das zwölfgeteilte Tierkreis-Schema des Jahreszyklus mit seinen vier Segmenten als Basis für die Klassifikation menschlicher Typen verwenden, dann müssen wir auch feststellen, daß der Tierkreis als Ganzes das symbolisiert, woran alle Menschen teilhaben: ›das menschliche Wesen‹. Hinter allen Unterschieden zwischen den verschiedenen Typen steht die gemeinsame Menschlichkeit des Menschen: eine Basis, eine feste Struktur potentieller menschlicher Energien und latenter Fähigkeiten.

Jeder Mensch, ob Mann oder Frau, hat eine solche Grundlage, es sei denn, daß während des Geburtsvorganges schwere Verletzungen stattfanden. Vielleicht wird vieles von diesem menschlichen Potential latent bleiben, vielleicht wird es nur in einigen Richtungen stark aktiviert werden. Und dennoch ist es vorhanden und steht bereit, in einer Vielzahl von (günstigen oder scheinbar ungünstigen) Umständen verwirklicht zu werden. Jeder der zwölf Typen menschlichen Wesens besteht aus der jeweils charakteristischen Art, wie die entsprechende Gruppe ihre jeweilige Reaktion auf das Leben und die Quelle des Lebens bestimmt und betont. Diese Quelle aber ist in der Tierkreis-Symbolik die Sonne, für den spirituell eingestellten Denker oder Jünger ist es Gott. Aber wie auch immer man es interpretieren mag, am wichtigsten ist, daß alle diese ›Arten der Reaktion‹ in jedem menschlichen Wesen latent vorhanden sind; sie stellen sein menschliches Erbteil dar.

Die größte Gefahr, die allen Klassifikationen menschlicher Typen (ob physiologisch, psychologisch oder astrologisch) innewohnt, ist die nur allzu häufige Tendenz, eine beliebige Person mit dem genau definierten Typus zu identifizieren, der zu ihr zu passen scheint. Wir sagen: Oh schau, welch ein typischer ›ektomorpher Extrovertierter‹ oder ›Zerebrotoniker‹, welch ein typischer ›Löwe‹, Jude, französischer Künstler, Cockney oder Penner.

Wenn wir so vorgehen, vergessen wir dabei die wichtigsten Faktoren: die gemeinsame Menschlichkeit, an der wir und all diese Personen gleichermaßen teilhaben, wie auch die Einzigartigkeit des lebendigen Individuums, das durch Typus, Klasse oder Rasse nicht festgenagelt werden kann, das sich jeder Definition entzieht, und zwar einfach deshalb, weil es nicht nur ›un-teilbar‹ (also individuum) ist, sondern im Kern einzigartig und nicht reproduzierbar.

Im Grunde bedeuten diese beiden Extreme im umfassenden Wesen eines jeden Menschen dasselbe, wenn wir sie einmal praktisch und spirituell betrachten: Denn was ein menschliches Wesen wirklich ›menschlich‹ macht, ist seine potentielle Fähigkeit, ein einzigartiges Individuum zu sein.

Es ist gesagt worden, daß jedes menschliche Wesen eine ganze Spezies des Lebens ist. Billionen von Weizenschößlingen haben in identischer Weise das Wesen der ›Weizenhaftigkeit‹ in sich. Aber es gibt keine zwei Menschen, die auf identische Weise dieselbe Verwirklichung des ›Menschseins‹ sind. Hier spreche ich nicht von oberflächlichen Unterschieden der körperlichen Gestalt oder Umgebung, keine zwei Dinge in der Natur sind in ihrer Form absolut identisch, sondern ich spreche von einem grundlegenderen Charakteristikum, nämlich dem Entwicklungspotential, das jedem menschlichen Wesen innewohnt. Weil dieses Wesen ›menschlich‹ ist, trägt es in sich das Potential, um einen vollkommen einzigartigen Zustand zu erreichen, eine vollkommen einzigartige Funktion im Universum zu erfüllen.

Diese Einzigartigkeit liegt auch in seiner Seelenhaftigkeit. Jedes menschliche Wesen kann seine oder ihre Einzigartigkeit finden, falls sein oder ihr Leben die genaue Richtung zu seinem oder ihrem ›spirituellen Naturrecht‹ einschlug. Das ist eine Möglichkeit, und dennoch wird sie nicht immer verwirklicht! Diese Doppelung aber macht das Wesen des Menschen aus.

›Menschlichkeit‹ ist die Fähigkeit, als bestimmte Person zu wählen, und darin liegt auch die Möglichkeit des Versagens. Kein Mensch wäre wirklich ›menschlich‹, wenn er bei dem Versuch der Integration mit seiner göttlichen Essenz, seiner einzigartigen Funktion im Universum, seiner Seele, nicht auch versagen könnte.

Der Mensch kann letztendlich göttlich sein, aber diese Möglichkeit wird von ihm vielleicht nicht verwirklicht. Vielleicht weiß er nicht einmal, daß diese Möglichkeit besteht. Und wenn er nicht weiß, daß sie latent in ihm vorhanden ist, kann er sein Bewußtsein und seinen Willen nicht auf ihre Erfüllung richten.

Wenn Menschen bei der Verwirklichung dieses latenten Potentials versagen, so entsteht daraus früher oder später jenes spezifisch menschliche Phänomen, welches wir ›das Böse‹ nennen. Die Möglichkeit des Bösen ist ganz einfach der Schatten oder der negative Aspekt der Möglichkeit, göttlich zu werden und dabei den eigentlichen Sinn der ›menschlichen‹ Existenz zu erfüllen.

Und was steht zwischen den zwei entgegengesetzten Möglichkeiten im Menschen? Es sind individuelle Entscheidungen, Myriaden von Entscheidungen, und dennoch ist es in gewissem Sinne nur eine große Entscheidung, die man zu einem bestimmten wichtigen Zeitpunkt trifft, eine Entscheidung, die selbst aus einer langen Reihe von vorhergehenden Entscheidungen resultiert, die selbst wieder durch eine Vielzahl von positiven oder negativen Erfahrungen mit dem immanent menschlichen Potential bestimmt sind.

Der Mensch kann und muß schließlich, ob er es will oder nicht, diese wesentliche Entscheidung treffen. Aber vielleicht ist sie nicht einmal dann voll und ganz unwiderrufbar, anders ausgedrückt, vielleicht ist sie nicht vollständig un-erlösbar. Darin also liegt das tiefe und Ehrfurcht einflößende Geheimnis der Göttlichen Erlösung. Gott ›erlöst‹ den Menschen als Individuum, weil unter den Lebewesen nur der Mensch die Fähigkeit hat, wirklich individuell zu sein und deshalb seine Entscheidungen als einzelner zu treffen. Da der Mensch selbst als einzelner entscheiden kann und muß, obliegt es Gott als ›dem Einen‹, auf die große Entscheidung des Menschen zu reagieren. Dieses kosmische ›Eine‹ und die vielen einzelnen individuellen ›Einen‹ sind in der Tat zwei Polaritäten der einen wesentlichen allumfassenden Harmonie. Deshalb zieht das Versagen so vieler menschlicher Wesen eine komplementäre, harmonisierende Antwort von Gott, dem Einen nach sich ebenso wie ein von einem bestimmten Menschentyp überbetonter Aspekt der menschlichen Natur ein komplementäres ›Geschenk des Geistes‹ herbeiruft, wie wir gesehen haben.

Wenn wir es aber mit einem dauerhaften Übel zu tun haben, so stehen wir vor einer Situation, in der die ganze menschliche Natur in einem Menschen betroffen ist, sie hat sich ganz ins ›Negative, Unmenschliche‹ verkehrt. Die einzige Handlung, die auf eine solche totale Verkehrung oder Perversion antworten kann, ist ein Akt des Einen Gottes, Gottes als einer Person. Nur eine göttliche Person kann die Negation des menschlichen Potentials in einer individualisierten Persönlichkeit voll und ganz ›erlösen‹ (das heißt, im kosmischen Weltprozeß neutralisieren oder balancieren).

Dieser Erlösungsakt setzt das ›Geschenk des Selbst‹ voraus und das ist im symbolischen Bereich das Opfer, das die Gottheit, die der Ursprung des Weltprozesses ist, gebracht hat, es ist Ihr ›Sohn‹, das heißt, Ihre personifizierte Macht. Das göttlich ›Universelle‹ wird für menschliche Individuen, die sich entschlossen haben, auf die Quellen der Energien ihres Wesens negativ zu antworten, zu einer ganz bestimmten Manifestation des Lebens.

Man könnte sagen, daß diese bestimmte Manifestation ganz offenbar den einen Zweck hat, eine Art von ›Gegengift‹ gegen das Gift des Bösen zu sein. Aber diese Vorstellung reicht nicht aus. Man versteht den Akt der Erlösung nicht wirklich, wenn man ihn als Bußgeld Gottes für die Sünden der Menschheit betrachtet! Gott ›kauft‹ nicht den Menschen oder seine Seele von einem personifizierten Bösen ›zurück‹. Dieser göttliche Akt leidenschaftlicher Liebe bedeutet vielmehr, daß das Eine, das sich in einer Vielzahl menschlicher Einzelwesen, also kleiner ›Einheiten‹ verwirklicht hat, auch die Verantwortung für die negativen Ergebnisse der menschlichen Integration auf sich nehmen muß. Integration bedeutet dabei, daß der Mensch eine individualisierte, einzigartige und nicht reproduzierbare Person wird. Das ›Böse‹ ist der Gattungsbegriff für alle negativen Ergebnisse, für alle die Verkehrungen des Individualisations-Prozesses, der der menschlichen ›Natur‹ eigen ist. Dieser Prozeß kann also nach hinten ausschlagen und tut es auch. Und das ist das ›Erregende‹ dabei! Sollen wir — fast schon listig — sagen, daß der Mensch Gottes Vergnügen, Gottes Erregung ist? Wenn wir das umgangssprachliche Wort ›Erregung‹ in einen eher philosophischen Begriff umwandeln, nämlich dynamische Manifestation, so kommen wir dem Kern des Problems näher (jedenfalls dann, wenn wir es in all seinen kosmischen Äußerungen verstehen). Dann nähern wir uns dem ›unaussprechlichen‹ Kern des Geheimnisses, das in den Mythen der Erlösung offenbart, entschleiert wurde. Und dieser Kern kann, so glaube ich, in einem einfachen kleinen Wort formuliert werden: mehr.

Der Sinn eines jeglichen Universums besteht darin, die Harmonie, das heißt den Urstoff der Göttlichkeit, immer umfassender, zuverlässiger und stärker zu machen. Wir können uns diese Harmonie vorstellen wie wir wollen oder können, aber kein Begriff kann die menschliche Erfahrung meiner Meinung nach wirklich erklären, wenn er nicht dem Faktor der ›Bewegung‹ seine absolute Wirklichkeit zugesteht. Es muß unablässige, ewige Aktivität geben, und diese Aktivität muß sich immer auf ein Mehr als das gegenwärtige Vorhandene richten, auf eine immer noch umfassendere Verwirklichung des unendlichen Seins-Potentials.

Das ist die grundlegende Bedeutung des Ausdrucks ›schöpferisch‹. Der Mensch ist insofern schöpferisch, als er mehr werden kann als nur Mensch. Gott ist in dem Sinne schöpferisch, als die Manifestationen Seiner Existenzpotentiale nicht nur unendlich, sondern immer noch größer, noch umfassender sind. Gott ist unwandelbar ganz, aber das Ganze entfaltet sich in Ewigkeit. Leidenschaftliches Verlangen ist der Wunsch, immer noch mehr zu umfassen.

Wie aber könnte dieses ›Mehr‹ erreicht werden, wenn nicht durch eine zeitweilige Erfahrung von Unangemessenheit und Mangel? Wie könnte eine größere Erfahrung von Reichtum und Seinsfülle erreicht werden, wenn nicht durch eine periodisch empfundene Leere, so daß der Geist mehr als zuvor die Schale des Bewußtseins füllen kann? Wie könnten die voll ausgedehnten Lungen mehr Luft einatmen, als wenn sie zuerst ausatmen? Wie könnte Gott Sein unendliches Seinspotential besser offenbaren, als unter dem Zwang des Bösen, das Ihn aufgrund der absoluten Harmonie des Göttlichen dazu veranlaßt, sich im Akt der Erlösung zu verwirklichen?

Schöpfung ist im Grunde Erlösung. Schöpfung ist die Antwort auf ein Bedürfnis nach Formen, die mehr Sinn, mehr Schönheit und deshalb auch einen umfassenderen und stärkeren Sinn von Ordnung und Integration beinhalten. Als Schöpfer muß Gott auch der Erlöser sein. Aus dem unendlichen Lagerhaus der Möglichkeiten strömen neue Universen hervor, da alte Universen zu Ende gingen und riesige Schutthaufen von Versagen und Abfallprodukten zurückgelassen haben. Das Wesen Gottes läßt kein Versagen zu und deshalb muß wieder neue Schöpfung entstehen.

In der unendlichen Harmonie kann kein Widerstreit dauerhaft sein. Widerstreit, Getrenntheit und Böses, das können nur Stufen sein, um höhere Ebenen des Bewußtseins und der Einschließlichkeit zu erreichen. Selbst wenn sie das Geringere zerstören, dienen sie damit dem Größeren. ›Besser‹ ist der ewige Feind von ›gut‹. Der Teufel dient Gott, indem er sich in der Welt wie auch im Menschen den alten Formen des Göttlichen entgegenstellt. Die Funktion des Bösen besteht darin, eine neue ›Herabkunft‹ göttlicher Schöpfung zu erzwingen.

Die wirkliche Erbsünde besteht in der bequemen Zufriedenheit mit dem Status quo, in der Weigerung, die Verwandlung und die immerzu angebotenen Geschenke des Geistes anzunehmen, in der Weigerung, sich transformieren zu lassen und mehr zu werden, als man jetzt ist. Die Unfähigkeit, das Einfließen spiritueller Kraft, die einseitige oder angespannte Aktivität ausgleicht, stetig zu empfangen und ruhig zu assimilieren, ist die Wurzel, aus der alles Karma und alle Saatkörner des Bösen letztlich stammen.

Der Geist klopft an die Tür der Seele, aber der erschreckte Verstand verriegelt eilends das Tor, denn das Ego klammert sich noch immer beharrlich an seine Form und seine Vorrechte.

Und dennoch dient auch diese grundlegende Trägheit des Ego, die dem Eindringen des Bösen in den Evolutionsprozeß auf Erden Vorschub leistet, letztlich dem Zweck der Evolution. Zur richtigen Zeit läßt es die größte aller göttlichen Manifestationen frei, nämlich den Erlöser des Selbst, das sich in Haß und Gewalt von dem einen Selbst abgekehrt hat. Gott antwortet dem ›verlorenen‹ Selbst, indem er Seine Kraft des Selbstseins verleiht. Dies ist ›das größte Geschenk‹, das Geschenk der Gotteskindschaft. Und es ist in der Tat das einzig wichtige Geschenk, weil es das Geschenk des ›Einen‹ ist.

Als Individuen werden wir nach unserer Reaktion auf jedes einzelne Geschenk des Geistes beurteilt. Wir können sie zurückweisen, wir können sie auch als selbstverständlich voraussetzen. In beiden Fällen ist nichts gewonnen. Nichts ist im spirituellen Bereich gewonnen, wenn nicht das Individuum die Geschenke in tiefer und lebendiger Dankbarkeit empfängt und die unausweichliche Verantwortung verspürt, der Gnade des Geistes durch die eigene Wohltätigkeit anderen Menschen gegenüber nachzueifern.

Und dies funktioniert nicht nach dem Prinzip: »Wenn du empfangen hast, so gib«, sondern vielmehr: »Gib, damit du empfangen kannst.« Sei leer, damit der Geist dich mit immer mehr Geschenken, mit immer größerer Kraft erfüllen kann. Das ist das Paradoxon des spirituellen Lebens, das Jesus mit herausfordernder Kraft in der so oft zitierten und so wenig verstandenen Bergpredigt formuliert hat.

Ein Mensch, der sich voller Selbstzufriedenheit im Lichte seiner eigenen Tugend oder Leistung sonnt, ein ›Aristokrat‹, der seine Überlegenheit und Kultiviertheit genießt und den weniger Begabten gönnerhafte und salbungsvolle Geschenke macht, solch ein Mensch kann vielleicht nur durch Demütigung, Sünde und Zerstörung gesegnet werden! Er muß zuerst lernen, leer zu werden.

Der Rebell und der Verbrecher, sie werden eines Tages den Erlöser finden. Sie werden wissen, daß es letztendlich kein Versagen gibt, und sie werden in diesem Wissen ›gerettet‹ werden, sie werden von ihrer früheren Unfähigkeit, Macht konstruktiv einzusetzen, dadurch geheilt werden, daß ihnen noch größere Macht verliehen wird. Aber diese Macht wird dann in Liebe eingehüllt werden, in eine tiefere, mehr als menschliche Liebe, in jene allumfangende göttliche Liebe, die in alle Ewigkeit erlöst, da sie ohne Unterlaß neue Lösungen für die Probleme der Welt und selbst für das dunkelste Böse im Menschen erschafft.

Der Geist ist schöpferische Bewegung. Er ist der freie Fluß von Gütern, Werten, Sinnsetzungen, von Bildern, die immer vollkommener werden. Er ist die unablässige Bezogenheit aller Dinge, die auf eine immer einschließlichere Ganzheit abzielt. Flüchtiger als Luft, feiner als Duft fließt er durch alle Dinge. Und indem er durch sie fließt, verwandelt er sie. Es wäre Blasphemie, wollte man den Geist in versiegelten Gefäßen aufbewahren und sich bei seinem Durchgang durch die Seele und jedem in Schönheit und innerem Reichtum erlebten Augenblick an diese göttliche Anwesenheit klammern.

Selbst so zu leben wie der Geist bedeutet: die eigene schöpferische Energie in unablässigem und dennoch unterscheidendem Geben immer dort fließen zu lassen, wo ein Mangel, und ein ganz bestimmter Mangel, besteht. Als der Geist zu leben heißt, durch und für den Geist zu leben. Es heißt tatsächlich, daß man mit dem Rhythmus und dem Sinn des Geistes so identisch wird, daß es keine Getrenntheit mehr von dem Erfordernis eines jeden Augenblicks gibt. Es heißt, daß man alle notwendigen Handlungen, und nur die notwendigen Handlungen, vollzieht. Es heißt im eigentlichen Sinn, daß man Gott in Aktion ist, daß man selbst ein ›Geschenk des Geistes‹ ist.